CHARLES DE FOUCAULD
ENTSCHLÜSSE AUS DER STILLE

CHARLES DE FOUCAULD

ENTSCHLÜSSE AUS DER STILLE

Persönliche Aufzeichnungen
aus den Exerzitien in den Jahren 1900–1909

VERLAG NEUE STADT
MÜNCHEN ZÜRICH WIEN

Titel der französischen Originalausgabe: Seul avec Dieu
© 1975 Città Nuova Editrice, Rom
Übersetzung und Bearbeitung: J. Rintelen, W. Bader

1981, 1. Auflage
© Alle Rechte der deutschsprachigen Ausgabe
bei Verlag Neue Stadt, München 83
Umschlagentwurf: G. Szokoly
Satz: Vornehm, München 80
Druck: Negele, Augsburg
ISBN 3-87996-083-6

EINFÜHRUNG

1. Exerzitien zu den Weihen in Notre-Dame-des-Neiges[1]

In einem Brief vom 29. Mai 1900 schrieb Bruder Karl von Jesus an Abbé Huvelin: „Ich bin also entschieden der Meinung, ich solle nach Frankreich gehen, die heiligen Weihen empfangen und mich darauf in Notre-Dame-des-Neiges vorbereiten, wenn der Abt sein Einverständnis gibt." – Am 16. August 1900 ging er in Marseille vom Schiff und reiste nach Paris, um seinen geistlichen Führer, Abbé Huvelin, zu besuchen: „Der Abbé – so schreibt er – hat es für richtig gehalten, daß ich trotz meiner Unwürdigkeit ein so heiliges Sakrament wie die Priesterweihe empfangen darf."[2] Am 19. August, dem Tag vor dem Fest des heiligen Bernhard, kommt Charles de Foucauld in die Abtei Notre-Dame-des-Neiges in Ardèche an und wird dort von Pater Martin, dem Abt, empfangen. Er meldet sich beim Bischof von Viviers, um bei ihm um seine Weihe zum Priester nachzusuchen.

Darauf begibt er sich nach Rom: René Bazin meint, Bruder Karl von Jesus begebe sich in die Ewige Stadt wegen der Gründung der Kleinen Brüder vom Heiligsten Herzen; J. F. Six glaubt, er wolle dort über seinen Plan mit dem Berg der Seligpreisungen verhandeln; er selbst schreibt, daß er dort sei wegen einer Angelegenheit, die die Klarissen betrifft. Vielleicht hoffte er auch, dort dem Trappistenmönch Pater Jérôme zu begegnen, der zum Studium nach Rom geschickt worden war; es könnte schließlich auch sein, daß er wegen der Feiern des Heiligen Jahres in Rom sein wollte. Diese fanden statt in einer für die Kirche schwierigen Situation: 1899 startete Waldeck Rousseau eine Offensive gegen die Ordensleute, und am 24. Januar 1900 wurde die Kongregation der

Assumptionisten aufgrund eines Gerichtsurteils in Frankreich aufgelöst; der Papst sah sich genötigt, an Kardinal Respighi zu schreiben, um den Glauben in Rom selbst zu verteidigen, und im „Osservatore Romano" vom 13. September 1900 liest man: „Der Liberalismus wird keine Ruhe geben, bis es ihm gelingt, noch während des Heiligen Jahres ein so großes patriotisches Fest zu veranstalten, daß die Katholiken und nach Möglichkeit auch der Papst erblassen."

Nach einer gut verlaufenen Reise mit Aufenthalt in Mailand kam Bruder Karl von Jesus in Rom an und wollte dem Generalobern der Kapuziner einen Besuch abstatten; da dieser abwesend war, mußte er warten. Er traf einen Professor des Collegium Romanum, zu dem er volles Vertrauen hatte. Da er bei den Kapuzinern nur vier Tage bleiben konnte, bekam er ein Zimmer bei Signora Maria Bassetti, Via del Pozzetto 105, im ersten Stock. Die Eucharistiner der Kirche von S. Claudio dei Borgognoni hatten ihm diese Bleibe in der Nähe der Piazza S. Silvestro besorgt.

Er schreibt an Pater Martin, den Abt von Notre-Dame-des-Neiges: „Ich wohne gleich neben diesen guten Patres, die das Allerheiligste Tag und Nacht aussetzen, und ich benutze ihre Kapelle, als wenn ich in ihrem Konvent wohnen würde; es ist ein frommes, bescheidenes Haus; ich bin dort ganz zu Hause und kann so meine kleine Einsiedler-Regel befolgen; ich studiere Dogmatik, so daß ich bis zum 1. November gut die Hälfte wiederholt habe. Ich weiß noch nicht genau, wie lange ich hier bleibe, der Generalobere der Kapuziner ist nicht zurückgekehrt; jedenfalls wird es einige Zeit dauern, aber ich kann leicht ein- und ausgehen; einerseits ist es unerläßlich, daß ich alles für das Werk der Klarissen tue; es eilt und es ist ein Werk Gottes. Für die Vorbereitung bin ich hier am richtigen Ort: völliges Alleinsein, fortwährendes Schweigen, keine äußeren Geschäfte, ein Ort größter Frömmigkeit; alle Bücher, die ich benötige, stehen mir zur Verfügung; ich habe zwei gute Berater gefunden, einen Professor vom Collegium Romanum und einen Professor vom Collegium S. Anselmo." – Ist der Professor vom Collegium Romanum, der ihn in seinen theologischen Studien betreut, nicht vielleicht der berühmte Jesuitenpater Louis Billot, der in jener Zeit der einzige französische Professor dieses Instituts war?

Abbé Huvelin aber fordert Bruder Karl von Jesus auf, Rom zu verlassen: „Ich wünsche – schreibt er am 18. September –, daß Sie so schnell wie möglich nach Notre-Dame-des-Neiges kommen ... Entledigen Sie sich schnell aller Angelegenheiten und Verhandlungen – so schnell Sie können."

Charles de Foucauld selbst denkt in erster Linie an die bevorstehende Priesterweihe und schreibt an Madame de Bondy wegen seines Meßgewandes: „Wenn möglich, machen Sie es ganz weiß, abgesehen von dem roten Herzen mit kleinem dunklem Kreuz, Flammen um das Kreuz, die aus dem Herzen schlagen, und gelbe Strahlen, die weit ringsum nach allen Seiten ausgehen: Machen Sie ein recht strahlendes Herz. Es möge die ganze arme Erde, all unsere Lieben und uns selber überstrahlen. Das reine Weiß des übrigen Gewandes wird wohl ziemlich leicht schmutzen, aber die große Schlichtheit, die Reinheit dieses völligen Weiß ist so schön, daß das alles wettmacht. Also nur das Herz und seine Strahlen sollen farbig sein; je mehr sie sich abheben, desto besser, aber kein Gold, aus Liebe zur heiligen Armut."

Nach seinem Umweg über Barbirey (Côte d'Or) zu einem Besuch bei seiner Schwester, die ihn seit langer Zeit wiederzusehen wünschte, kehrte Bruder Karl von Jesus am 29. September nach Notre-Dame-des-Neiges zurück. Er hatte in Akbès die Tonsur empfangen, nachdem er die Gelübde abgelegt hatte; der für ihn früher zuständige Bischof von Straßburg, Mgr. Fritzen, erteilte ihm die Erlaubnis, sich in die Diözese von Viviers inkardinieren zu lassen (am 5. September 1900), und Pater Martin beantragte für ihn die Zulassung zu den niederen Weihen, die er dann am 18. Sonntag nach Pfingsten, am 7. Oktober 1900, dem Rosenkranzfest, empfing.

In Notre-Dame-des-Neiges führte Bruder Karl von Jesus

weiter das Einsiedlerleben von Nazaret „in einer kleinen Zelle in der nordwestlichen Ecke der Abtei über der Kapelle des heiligen Bernhard, die an den Altarraum der Abteikirche auf der Evangelienseite angrenzt. Dorthin gelangte man über die Sakristeitreppe, ohne von der Kommunität gesehen zu werden. Eine einfache Zwischenwand mit einer Tür trennte diese Zelle von einer kleinen Empore, die schon bald der Ort wurde, an dem er am liebsten verweilte. Von dort aus konnte er, ohne von der Kommunität gesehen zu werden, an allen Liturgiefeiern teilnehmen und sich der Anbetung widmen, die er tagsüber und nachts in unglaublicher Weise ausdehnte. Wie oft – berichtet ein Augenzeuge – haben wir ihn von der Abtempore, die genau gegenüber der seinen lag, auf dem Boden kniend gesehen, tief gebeugt oder mit einem Blick, der beharrlich auf den Tabernakel gerichtet war."[3] Man brachte ihm bescheidene Mahlzeiten; am späten Nachmittag begab er sich zum Subprior, Pater Alois Gonzaga Martin; es kam vor, daß er ganze Nächte in Betrachtung verbrachte, wie beispielsweise die Nacht vom 31. Dezember 1900 auf den Neujahrstag 1901 und die Nacht vor seiner Diakonatsweihe.

Das Zweite Vatikanische Konzil sagt: „Die Eucharistie zeigt sich als Quelle und Höhepunkt aller Evangelisation" (Presbyterorum ordinis, Nr. 5), und in der Eucharistie finden die Priester den authentischen, missionarischen Geist: „Da sie aber aufgrund ihres eigenen Amtes – das vorzugsweise im Vollzug der die Kirche vollendenden Eucharistie besteht – mit Christus als dem Haupte in Gemeinschaft stehen und andere zu dieser Gemeinschaft einführen, können sie unmöglich übersehen, wieviel noch an der Vollgestalt des Leibes fehlt und wieviel deshalb noch zu tun ist, damit er immer weiter wachse." (Ad gentes, Nr. 39).

Seit den Exerzitien zur Subdiakonatsweihe hatte Charles de Foucauld die Gründung der „Einsiedler vom Heiligsten Herzen" ins Auge gefaßt, „ in der Sahara Afrikas, wo viele, viele Menschen ohne Verkünder des Evangeliums leben und wo Mönche, Einsiedler vom Heiligsten Herzen, viel Gutes tun könnten ... Wo ich Tag und Nacht zu Füßen des Allerheiligsten Sakraments sein könnte."

Während seiner Exerzitien zur Diakonatsweihe, sind die Eucharistie und das Heil der Welt in Jesus Christus seinem Geist präsent. Er schreibt: „Die Priester ... müssen sich mit Jesus dem Vater als Opfer anbieten zu seiner Ehre, zur Ehre Jesu und zum Heil der Menschen ... indem sie mit Jesus den Todeskampf, das Kreuz und den Tod erleiden, in dem Maße wie es Jesus gefällt, sie zu berufen, daß sie seinen Kelch teilen und Opfer mit ihm werden."

Die Worte „Evangelisation" und „Eucharistie" kehren in den Aufzeichnungen der Weiheexerzitien Charles de Foucaulds immer wieder. Seine besondere Liebe zur Eucharistie offenbart sich gleich nach seinen Weihen in Bemerkungen wie: „Zum ersten Mal das Allerheiligste Sakrament von einem Tabernakel in einen andern getragen." – „Ich durfte beim sakramentalen Segen als Diakon mitwirken und habe die Hostie in die Monstranz gegeben." (27. März 1901) – „Zum ersten Mal den sakramentalen Segen erteilt." (14. Juni 1901). In einem Brief vom 23. Juni 1901 an Henry de Castries nennt er seine künftige Aufgabe: „Die Evangelisation nicht durch das Wort, sondern durch die Gegenwart des Allerheiligsten Sakraments, durch die Darbringung des göttlichen Opfers." (23. Juni 1901).[4] Seine Briefe an Madame de Bondy bezeugen die gleiche Liebe zur Eucharistie. „Ihrem Sohn ist ein herrliches Werk anvertraut: das Allerheiligste Sakrament tiefer in die Sahara hineinzutragen." (10. September 1901) – „Es wird mich tief bewegen, wenn ich erstmals die Heilige Hostie emporhebe und zum ersten Mal den sakramentalen Segen erteile in dieser Gegend, in die Jesus in den neunzehnhundert Jahren seit seiner Menschwerdung noch nicht leiblich gekommen ist." (26. September 1901) – „Es ergreift mich sehr, Jesus an diesen Stätten herniedersteigen zu lassen, wo er wahrscheinlich noch nie leiblich war." (24. Oktober 1901) – „Seit dem 2. Dezember befindet sich das Allerheiligste Sakrament in der Kapelle, die Jesus sich in Beni-Abbès errichtet hat. So bin ich nun Tag und Nacht in dieser beglükkenden Gesellschaft: Ich bin sehr glücklich." (2. Dezember 1901) – „Ich muß es unbedingt weiterhin so halten, daß ich der Messe vor allem anderen den Vorrang gebe ... Ich muß all das tun, was ich Bestes tun kann für das Heil der ungläubigen Völker in diesen Gegenden ... Mit welchen Mitteln? Durch die Gegenwart des Allerheiligsten Sakraments, durch die Darbringung des Heiligen Opfers." (1. Dezember 1905) – „Ich habe das Allerheiligste Sakrament, den allerbesten Freund, mit dem ich Tag und Nacht reden kann." (16. Dezember 1905) – „Kaum verlasse ich den Heiligen Tabernakel: Ich kann mir nicht mehr wünschen und nichts Besseres finden." (18. März 1906). Am 6. Juli 1906 schließlich spricht er von einer Vereinigung, die „das dreifache Ziel der Übung der evangelischen Tugenden, der Verehrung des Allerheiligsten Sakraments und der Bekehrung der Ungläubigen" hat. Es zeigt sich klar, daß sich für Charles de Foucauld „die Eucharistie als Quelle und Höhepunkt aller Evangelisation zeigt" (Presbyterorum ordinis, Nr. 5).

2. Die Exerzitien in der Sahara

Den Aufenthalt Charles de Foucaulds in der Sahara kann man in zwei Phasen gliedern: Beni-Abbès (1901–1905) und Tamanrasset (1905–1016). Aus der ersten Periode besitzen wir die Aufzeichnungen der Jahresexerzitien 1902, 1903 und 1904, die er in Beni-Abbès gehalten hat, und jene aus dem Jahre 1905, die er im voraus während der Adventszeit 1904 in Ghardaia hielt. Aus der zweiten Periode verfügen wir lediglich über Aufzeichnungen aus dem persönlichen Notizheft und Mitteilungen aus Briefen.

Diese zwei Perioden in der Sahara sind weniger reich an geistlichen Schriften als die Phase der unmittelbaren Vorbereitung auf das Priestertum (1900-1901) und vor allem die Zeit des Aufenthalts in Nazaret (1897–1900).

Um das geistliche Leben von Bruder Karl von Jesus während seines Aufenthalts in der Sahara kennenzulernen, wird man sich weiter auf das Tagebuch der Bruderschaft von Beni-Abbès (1901–1905) stützen müssen. Seine geistliche Entwicklung während der Zeit in Tamanrasset (1905–1912) wird ersichtlich anhand der Notizen in vier Heften aus den Jahren 1905–1912, 1913, 1914 und 1915–1916 und in einem Tagebuch aus dem Jahre 1916.

Am Schluß der Exerzitien von 1902 steht dieser Satz: „Heute so leben, als wenn ich heute abend als Märtyrer sterben müßte." – Die Entschlüsse aus dem Jahre 1903 gipfeln in dem Vorsatz, nach dem Vollkommensten zu streben und in dem Willen, für die Gründung der Kleinen Brüder und der Kleinen Schwestern vom Heiligsten Herzen sowie für die Evangelisation Marokkos oder jedes anderen Gebiets alles zu tun, was in seinen Kräften steht.

Die Exerzitien des Jahres 1904 sind gekennzeichnet durch den Entschluß, „heute so zu leben, als wenn ich heute abend als Märtyrer sterben müßte", und durch die Sorge, der Regel der Kleinen Brüder vom Heiligsten Herzen Jesu treu zu sein. Sie lassen sich zusammenfassen in der Anrufung: „Heiligstes Herz Jesu, dein Reich komme."

In den Exerzitien von Ghardaia nimmt er ohne größere Veränderungen die Orientierung der Exerzitien der Jahre 1902, 1903 und 1904 wieder auf, indem er den Akzent auf die Nachfolge Christi legt.

Während der Exerzitien des Jahres 1907 betont Charles de Foucauld das Gebet, das Kreuz, die Selbstverleugnung und die Klausur. Die Aufzeichnungen der Exerzitien aus den Jahren 1906 und 1909 enthalten hauptsächlich Entschlüsse praktischer Art, durch die Bruder Karl versucht, sich dem inzwischen begonnenen Wanderleben anzupassen. Jene Jahre waren gekennzeichnet durch häufige Ortswechsel; deshalb ist es schwierig, genau anzugeben, wo diese Exerzitien gehalten wurden.

3. Quellen zu den Exerzitien in Notre-Dame-des-Neiges und in der Sahara

Die Heilige Schrift behält in den geistlichen Schriften dieser Zeit eine beachtliche Bedeutung, und ein Teil der Exerzitien zu den Weihen besteht aus Zitaten der Vulgata (sie sind in dieser Veröffentlichung ins Deutsche übersetzt worden). Aber auch die geistliche Lektüre nimmt weiter einen großen Stellenwert ein sowohl in der Vorbereitungszeit auf die Weihen in Notre-Dame-des-Neiges als auch während des Aufenthalts in der Sahara.

Was er in den Jahren 1900–1901 las, ist uns dank eines Notizbuches mit dem Titel: ,,Erbauliche Auszüge aus Schriften verschiedener geistlicher Autoren'' bekannt. Darin findet man bunt durcheinander zitiert: Anna Katharina Emmerick, Alfons Maria von Liguori, Leo den Großen, Bernhard, Augustinus, Gregor den Großen, Johannes vom Kreuz, Thomas, die Nachfolge Christi, Hieronymus, Margareta Maria Alacoque. – Zwei Werke scheinen Charles de Foucauld während seiner Exerzitien in Notre-Dame-des-Neiges in besonderer Weise beeinflußt zu haben: ,,Le Règne du Cœur de Jésus ou la doctrine complète de la Bienheureuse Marguerite-Marie sur la Donation au Sacré-Cœur'' (1899) von einem Oblatenpriester der Makellosen Jungfrau Maria, der Kaplan von Montmartre war, und ,,Selva'' von Alfons Maria von Liguori: Dieses Werk, das sehr verbreitet war und viele Auflagen erlebte, ist eine vollständige Abhandlung über die Vervollkommnung des Priesters und inspiriert sich an dem, was die Heiligen und die Lehrer der Kirche zu diesem Thema geschrieben haben.

Im Hinblick auf die Zeit in der Sahara sind wir durch das Verzeichnis der Werke gut informiert, die Charles de Foucauld in Beni-Abbès in seiner Bibliothek hatte: Werke von Johannes Chrysostomos, Johannes vom Kreuz, Teresa von Avila, Bossuet, Franz von Sales, Werke über die Heilige Schrift, ,,Das Leben Jesu'' von Fouard, die ,,Vier Evangelien in einem einzigen" von Weber, der Vulgatatext und ein Bibelkommentar in 25 Bänden, außerdem Heiligenbiographien, u. a. die von Petrus Claver, dem Apostel der Schwarzen, und die von Maria Magdalena, ferner Bücher zur Kirchengeschichte wie „Geschichte der Verfolgungen" und verschiedene Werke zur Dogmatik und Moral, u. a. „Traité des Sacraments" von Billot und schließlich mehrere Werke zur Pastoral und zum Kirchenrecht.[5]

Die vorliegenden Aufzeichnungen aus den Exerzitien helfen uns, die Grundlinien der Entwicklung Bruder Karls von Jesus während seiner Vorbereitung auf die Priesterweihe und während seines priesterlichen Daseins tiefer zu verstehen. Auch für sie gilt: Die Gediegenheit der Werke, an denen Bruder Karl von Jesus sich inspiriert, und sein Verlangen, den Eingebungen der Gnade immer besser Folge zu leisten, können die Lektüre dieser Aufzeichnungen aus den Exerzitien für den Leser zu einer wertvollen Anregung werden lassen – wenn er sie liest nicht aus eitler Neugierde oder um seine Gedanken darin bestätigt zu finden, sondern um sich von Bruder Karl von Jesus auf dem Weg der Vervollkommnung mitreißen zu lassen.

Bernard Jacqueline

ZUR ÜBERSETZUNG

Diese Textausgabe der geistlichen Aufzeichnungen von Charles de Foucauld in deutscher Übersetzung kann kein Lesebuch mit aktuellem Wortschatz sein. Eine Frage, die sich jeder Übersetzer stellt, mußte von daher entschieden werden: Als Ziel durften wir nicht anstreben, die Ausdrucksweise der

Zeit Foucaulds durch eine moderne, dem theologischen Verständnis und Sprachgebrauch von 1981 entsprechende Redeweise zu interpretieren. Wir mußten im Gegenteil versuchen, die Gedanken und die Ausdrucksweise Foucaulds aus dem Zusammenhang seiner Zeit heraus zu verstehen und dann möglichst getreu zu übernehmen, auch wenn das theologische Verständnis sich in manchen Punkten seither stark gewandelt hat und das jeweils Gemeinte im heutigen Sprachgebrauch der Geistlichen Familie von Charles de Foucauld anders ausgedrückt wird. Um zu verdeutlichen, was wir meinen, greifen wir hier einige wichtige „Problemwörter" heraus.

Jesus nachahmen: Nicht nur die Nachfolge Christi, sondern die möglichst getreue Nachahmung des Lebens Jesu – vor allem seines Lebens in Nazaret – war ein ganz persönliches Anliegen von Bruder Karl. Um sich davon eine konkrete Vorstellung zu machen, stützte er sich auf seine Erlebnisse in Nazaret und anderswo, dazu auf seine liebevolle Phantasie. – *Imiter* wird daher grundsätzlich mit „nachahmen" übersetzt; wo „nachfolgen" steht, hat Charles de Foucauld *suivre* geschrieben.

Ungläubig (infidele): Lange Zeit hat man ganz einfach alle so bezeichnet, die nicht an Christus als den Sohn Gottes glauben – ohne danach zu fragen, ob sie einem anderen Glauben anhängen. So verwendet Bruder Karl diese Bezeichnung selbstverständlich auch für Moslems, die ihren Glauben sehr überzeugt leben, wie das auch bis heute geschieht. Zugleich war er sich bewußt, daß er durch gläubige Moslems zum christlichen Glauben zurückgefunden hatte. (Wir haben uns erlaubt, je nach Zusammenhang *infidele* öfters auch mit „nichtchristlich" zu übersetzen.)

Heiligung, mich heiligen usw. *(sanctification, me sanctifier* etc.): Wir müsssen Charles de Foucauld zugestehen, daß er die Sprechweise der Moraltheologie und der Spiritualität seiner Zeit übernimmt. Dabei wirkte sich unglücklich aus, daß diese Disziplinen sich von ihren biblischen und dogmatischen

14

Grundlagen weitgehend isoliert hatten: Für die Moral-Lehre stand das Bemühen um Selbstvervollkommnung als Form der Heiligung im Vordergrund des Interesses. Menschliche Anstrengungen (bis hin zur „Disziplin" = Geißelung) bekamen so ein starkes Eigengewicht. Die religiösen Übungen, ja die Verehrung und der Empfang der Sakramente wurden gern als „Gnadenmittel" bezeichnet, was dem Mißverständnis Vorschub leistete, man könne sie von sich aus im Dienst der Heiligung einsetzen. Gegenüber der Sicht, daß wir nur den Boden bereiten können, während alle Heiligung von Gott her gnadenhaft geschieht, bedeutet das eine nicht ganz unbedenkliche Akzentverschiebung (vgl. B. Häring in LThK², Bd. 5, Sp. 131 f.).

Im Denken und Handeln Foucaulds spielt die genannte Ausdrucksweise eine wichtige Rolle. Doch darf man sagen, daß sie korrigiert wird durch das viel intensivere Bemühen, sein Leben ganz vom Leben Jesu her durchformen zu lassen und es ihm auszuliefern. Bei aller eigenen Planung und Leistung läßt er Gott doch immer das letzte Wort, auch wenn es ihn zum Gegenteil von dem bewegt, was er eben beschlossen hatte: „Wie Gott will!" – „Das Maß der Liebe ist der Gehorsam." – „Man wirkt nicht Gutes im Maß dessen, was man tut, sondern im Maß dessen, was man ist."

Wie sollten wir also die französischen Ausdrücke aus dieser Zeit wiedergeben, ohne allzugroße Mißverständnisse zu schüren, aber auch ohne die Aufzeichnungen Foucaulds zu verfälschen? Das Gebot der Texttreue ließ uns bei der direkten Übersetzung verbleiben. Die Umsetzung seines eigentlichen Anliegens in das heutige Verständnis von Gottverbundenheit und Verfügbarkeit für Gottes Willen muß diese Textausgabe der neueren geistlichen Literatur – auch der Gemeinschaften von Charles de Foucauld – überlassen.

Das Allerheiligste Altarsakrament (Très Saint Sacrement): Hier herrscht damals eine „statische Sichtweise": Jesus ist in der heiligen Hostie anwesend und soll angebetet werden. Es galt als besonders wertvoll, das Meßopfer „vor ausgesetztem

Allerheiligsten" darzubringen. In der Praxis wuchs Foucauld jedoch immer mehr in die „Dynamik" der Eucharistie hinein: Er wollte sich mit Jesus hingeben als „Brot für das Leben der Welt". (Die Übersetzung beschränkt sich oft auf den lange Zeit üblichen verkürzten Ausdruck: „Das Allerheiligste". Wo Foucauld knapper schreibt *Saint Sacrement,* übersetzen wir: „Das heilige Sakrament").

Seele, Mensch (âme): Im Französischen wird die allgemeine Bezeichnung „Mensch" heute noch häufig mit *âme* (Seele) ausgedrückt. An vielen Stellen ist jedoch die „Seele" im engeren Sinn, der innere, geistige Mensch gemeint: Das Seelenheil, den Seelen Gutes tun (im Unterschied zu leiblichen Werken der Barmherzigkeit). Die Übersetzung trägt dem so gut es geht Rechnung. Auf weitere Umschreibungen des französischen Ausdrucks *âme* haben wir ganz bewußt verzichtet.

Erlösen, retten (sauver): Auch hier mußten wir für das eine französische Wort zwei deutsche Worte verwenden. Dem Gläubigen ist eine Mitwirkung am Erlösungswerk Jesu möglich nach dem Wort Kol 1,24: „Für den Leib Christi, die Kirche, ergänze ich in meinem irdischen Leben das, was an den Leiden Christi noch fehlt." Das deutsche Wort „retten" hat jedoch eine zu allgemeine Bedeutung, um allein das Gemeinte wiedergeben zu können.

Intervalle: Dieses Wort ließen wir in der besonderen Bedeutung, die Foucauld ihm gibt, stehen. Gemeint sind Zeiten, die nicht gemeinsamen geistlichen Übungen oder der körperlichen Arbeit dienen, sondern einer genau geregelten, aber persönlichen geistlichen Betätigung.

Die im Hause (domestiques): Foucauld bezieht sich in seinen Vorsätzen zur Regel öfters auf jene, die mit ihm in der Bruderschaft leben und dort teilweise auch ein wenig mithelfen (vgl. S. 93). Die wörtliche Übersetzung „Dienstboten" oder „Hausangestellte" entspricht jedoch so wenig der Wirklichkeit, daß wir obige Umschreibung wählten.

J. Rintelen

Exerzitien zu den Weihen*

* Zu den Weiheexerzitien vgl. auch J. F. Six, Charles de Foucauld – der geistliche Werdegang, München 1978, S. 215–220.

17

Exerzitien zur Subdiakonatsweihe[1]

Aus diesen Exerzitien zur Subtraktionsweihe (wie lange sie dauerten, wissen wir nicht) liegt uns nur die abschließende „Wahl" nach ignatianischem Muster vor. Hier zeichnet sich die Entwicklung ab, die Bruder Karl nach der Priesterweihe nicht mehr dorthin führen wird, „wo das Land am heiligsten ist", sondern „wo unzählige Menschen ohne Verkünder des Evangeliums sind". Auch taucht hier ein Bild auf, das in den Aufzeichnungen vor der Diakonatsweihe breiteren Raum einnehmen wird: Angeregt von seiner geistlich-mystischen Lektüre und von seiner tiefen Liebe zu Christus spricht Bruder Karl von den Weihen wie von einer Eheschließung.

Notre-Dame-des-Neiges, den 22. Dezember 1900[2]

Jesus caritas

*Vescabantur voluptuose,
et amplexati sunt stercora*[3]

1. *Meine Wahl. Quis? (Wer?)* Dieser Sünder, dieser Bekehrte, der so viele Gnaden erhalten hat und so wenig treu ist; dieser arme Arbeiter, der das verborgene Leben Jesu nachahmen will.

Quid? (Was?) Eine Hochzeit. Ein Eheband verbindet mich für immer mit dem geliebten Jesus (Hingabe des Leibes: Gelübde der Keuschheit. Tägliches Geschenk, Symbol ewig junger Liebe: das Stundengebet, Albe und Zingulum ...).
Brautpflichten: den Bräutigam *lieben*, ihm *gehorchen*, ihm

nachfolgen, ihm *treue Gesellschaft leisten, sich vollkommen für ihn aufopfern, die Kinder und das Haus versorgen* (Seelsorge und Dienst am Altar).

Ubi? (Wo?) Augenblicklich in Viviers.[4] Später, wo es mein geistlicher Führer will, der mir den Willen Gottes übersetzt. (Wohin der Bräutigam mich rufen wird ... Wo er durch meine Gegenwart verherrlicht sein wird ... Wo ich am meisten Gutes für die Menschen tun kann ... Wo ich die „Einsiedler vom Heiligsten Herzen"[5] gründen kann, zuerst im Heiligen Land, denn es ist das Land Jesu; von dort sind alle Gnaden für uns ausgegangen; in Bethanien[6], denn Bethanien ist eine der heiligsten der heiligen Stätten und die verlassenste; im Heiligen Land auch wegen des Militärdienstes.[7] Später, wenn es Gott gefällt, in Afrika, in der Sahara, wo unzählige Seelen ohne Verkünder des Evangeliums sind und wo Mönche, die Einsiedler vom Heiligsten Herzen[8], viel Gutes tun werden ... Wo ich „Jesus mit der größten Liebe lieben kann" ... In Missionsländern ... Wo ich Tag und Nacht vor dem Allerheiligsten sein kann; wo ich in Klausur, in Stille leben kann; fern von allen weltlichen Aufgaben, ein vollkommen kontemplatives Leben ... Wenn alle anderen Bedingungen gleich sind: am heiligsten Ort).

Quibus auxiliis? (Mit wessen Hilfe?) Gott ... die heilige Jungfrau ... der heilige Josef und die heilige Maria Magdalena ... mein Schutzengel ... der heilige Johannes der Täufer ... der heilige Petrus, der heilige Paulus, der heilige Erzengel Michael, der heilige Augustinus, die heilige Therese ... die selige Margareta Maria[9], die jungfräulichen Märtyrerinnen von Compiègne[10] ... die Märtyrer Jean-Marie du Lau[11] und Armand de Foucauld[12] ... Charles de F., Régis de B ... Katharina Emmerick[13], Norbert[14], alle Engel und Heiligen, Abbé Huvelin[15] und Dom Martin, der Abt[16], alle, die mich lieben und für mich beten ... Bischof Bonnet[17] ...

Cur? (Warum?) Um Gott, Jesus, möglichst viel Ehre zu geben und um den Seelen möglichst viel Gutes zu tun ... (1. durch die Feier des Heiligen Opfers; 2. in dem Maß, wie es dem Bräutigam gefallen wird, durch die Erfüllung der anderen Pflichten des Priestertums und vor allem durch die Gründung der Einsiedler vom Heiligsten Herzen Jesu[18]; 3. durch meine vollkommene Heiligung) ...

Weil mein Seelenführer mir gesagt hat, daß dies meine Pflicht sei ... Um mich so tief wie möglich mit Gott zu vereinigen. *Quomodo? (Wie?)* Mit Liebe, Selbstverleugnung und dem reinen Verlangen nach dem Wohl des Bräutigams; mit dem Vorsatz, mich für sein Wohl vollkommen hinzugeben, mit Mut, Demut, Beschämung, Dankbarkeit, Glück.

Quando? (Wann?) Am Samstag, den 22. Dezember 1900, in der heiligen Zeit des Advent kurz vor dem Tag, an dem die Heilige Familie in Bethlehem ankam.

2. *Mein geistliches Gebinde.* Vescabantur voluptuose, et amplexati sunt stercora (Jeremia).[19]

3. *Mein Vorsatz.* An meine ehelichen Pflichten denken und ihnen vor, während und nach allen Tätigkeiten treu sein.

4. *Meine Bitte.* ,,Geheiligt werde dein Name!"

Exerzitien zur Diakonatsweihe

In den Exerzitien vor der Diakonatsweihe (15. bis 22. März 1901) betrachtet Bruder Karl zunächst unter vier Stichworten den ersten Brief und das Evangelium des Johannes. Er schreibt die Stellen ab, die ihm jetzt wichtig sind. Dann liest er offenbar Schriften mehrerer geistlicher Autoren, die das Thema der Weihestufen von verschiedenen Seiten her variieren und sich dabei manchmal wiederholen. Auch hierzu notiert er jeweils Gedanken, die ihm helfen und die zu erkennen geben, wie er seine Berufung zum Priestertum versteht: als völlige Hingabe an Jesus und an alle Menschen. Mehrfach kehrt hier das Motto der Eheschließung wieder (Nr. 5 bis 8). Dem deutschen Leser wird die Rede von der Kirche als ,,Braut Christi'', auch von einzelnen in der Kirche, die sich im Ordens- oder Priesterstand an Christus als den Bräutigam hingeben, bekannt sein. Foucauld greift dieses Bild nun in überraschender Art auf und führt es mit der ihm eigenen Gründlichkeit aus. Tatsächlich weist das lateinische sponsus – sponsa wie das französische époux – épouse nicht auf ein bräutliches Verhältnis, sondern auf die Ehe hin.

Bei diesen Exerzitien stößt Bruder Karl auch auf die Bezeichnung ,,Kleiner Bruder Jesu.'' Sie entspricht seinen Vorstellungen so gut, daß er den Namen seines ersehnten Ordens sogleich entsprechend ändert (,,Kleine Brüder'' statt ,,Einsiedler'').

Seine Aufzeichnungen schließen mit einem persönlichen Gebet nach dem Empfang der Weihe (Nr. 11).

Exerzitien zur Diakonatsweihe in Notre-Dame-des-Neiges.
Charles de Foucauld wurde am 23. März 1901 zum Diakon
geweiht.[1]

Jesus caritas

*Qui dicit se in ipso manere,
debet, sicut ille ambulavit,
et ipse ambulare*[2] *(1 Joh 2,6).*

N. – 1. Nächstenliebe (geistlicher und materieller Art)
V. – 2. Verzicht, Hingabe
E. – 3. Heiligste Eucharistie
O. – 4. Opfer (Kreuz, Martyrium)

1. *Der erste Johannes-Brief* (vollständig)

N. – 1 Joh 2,9: Wer sagt, er sei im Lichte, und dabei seinen
Bruder haßt, ist immer noch in der Finsternis. V. 10: Wer seinen Bruder liebt, bleibt im Licht, und es ist kein Anstoß in
ihm.
V. – 1 Joh 2,15: Liebet nicht die Welt, noch was in der Welt
ist: Wenn jemand die Welt liebt, so ist die Liebe zum Vater
nicht in ihm. V. 16: Denn alles, was in der Welt ist, – Sinnenlust, Augenlust und Hoffart des Lebens –, ist nicht vom Vater, sondern ist von der Welt.
N. – 1 Joh 3,10: Daran sind die Kinder Gottes und die Kinder des Teufels zu erkennen: Wer nicht die Gerechtigkeit
verwirklicht – wer seinen Bruder nicht liebt –, ist nicht aus
Gott. V. 11: Denn das ist die Botschaft, die ihr von Anfang an
vernommen: Wir sollen einander lieben – V. 14: Wir wissen,
daß wir aus dem Tode zum Leben übergegangen sind: denn
wir lieben die Brüder. Wer nicht liebt, verweilt im Tode;
V. 15: Wer seinen Bruder haßt, ist ein Menschenmörder ...

V. 16: Daran haben wir die Liebe erkannt, daß er für uns sein Leben eingesetzt hat – auch wir sind es schuldig, für die Brüder das Leben einzusetzen. V. 17: Wenn jemand hat, was er zum irdischen Leben braucht, und seinen Bruder daran Mangel leiden sieht, und er verschließt sein Herz vor ihm – wie kann die Liebe Gottes in ihm Bestand haben? V. 18: Kinder, laßt uns nicht dem Worte nach und mit der Zunge lieben, sondern in Tat und Wahrheit ... V. 23: Dies ist sein Gebot, daß wir glauben im Namen seines Sohnes Jesus Christus und einander lieben, wie er es uns geboten hat ... 1 Joh 4,7: Meine Lieben, laßt uns einander lieben: denn die Liebe ist aus Gott, und wer liebt, ist aus Gott geboren und erkennt Gott. V. 8: Wer nicht liebt, hat Gott nicht erkannt: denn Gott ist Liebe. V. 9: Darin hat sich die Liebe Gottes an uns erwiesen, daß Gott seinen Einzigen Sohn in die Welt gesandt hat, damit wir durch ihn leben. V. 10: Darauf beruht die Liebe: nicht als hätten wir Gott geliebt, sondern er hat uns geliebt und hat seinen Sohn gesandt als Sühnopfer für unsere Sünden. V. 11.: Meine Lieben, wenn Gott uns so geliebt hat, so sind auch wir es schuldig, einander zu lieben. V. 12: Niemand hat Gott je gesehen; wenn wir aber einander lieben, so bleibt Gott in uns, und die Liebe zu ihm ist in uns vollkommen. V. 13: Daran erkennen wir, daß wir in ihm bleiben und er in uns bleibt, weil er uns von seinem Geist gegeben hat ... V. 16: Wir haben die Liebe erkannt, die Gott zu uns hat, und vertrauen auf sie. Gott ist Liebe; und wer in der Liebe bleibt, bleibt in Gott, und Gott bleibt in ihm. V. 20: Wenn jemand sagt: Ich liebe Gott, und seinen Bruder haßt, so ist er ein Lügner; denn wer seinen Bruder nicht liebt, den er gesehen hat, kann Gott nicht lieben, den er nicht gesehen hat. V. 21: Und wir haben dieses Gebot von ihm: wer Gott liebt, liebt auch seinen Bruder ... 1 Joh 5,1: Wer glaubt, daß Jesus der Gesalbte ist, ist aus Gott geboren, und wer den Vater liebt, liebt auch den, der aus ihm geboren ist. V. 2: Daran erkennen wir, daß wir die Kinder Gottes lieben und seine Gebote halten. V. 3: Denn die Liebe zu Gott besteht darin, daß wir seine Gebote halten. ...

2. *Evangelium Jesu Christi nach Johannes* (vollständig)

V.O. – Joh 1,43: Am folgenden Tag wollte Jesus nach Galiläa aufbrechen und traf Philippus. Da sprach er zu ihm: Folge mir nach!

E.N. – Joh 2,1: Zwei Tage später fand eine Hochzeit zu Kana in Galiläa statt. Die Mutter Jesu war dort, aber auch Jesus und seine Jünger waren zur Hochzeit geladen. V. 3: Als der Wein ausging, sagte die Mutter Jesu zu ihm: Sie haben keinen Wein mehr! V. 4: Jesus sprach zu ihr: Was obliegt mir und was dir, Frau? Meine Stunde ist noch nicht gekommen. V. 5: Da sprach seine Mutter zu den Dienern: Tut, was er euch sagt! V. 7: Jesus sagte zu ihnen: Füllet die Krüge mit Wasser! – und sie füllten sie bis zum Rande. V. 8: Dann sprach er zu ihnen: Schöpft jetzt und bringt es dem Tafelmeister! Sie taten es. V. 9: Als der Tafelmeister das zu Wein gewordene Wasser kostete – er wußte nicht, woher es kam, die Diener jedoch, die das Wasser geschöpft hatten, wußten es –, rief der Tafelmeister den Bräutigam und sagte zu ihm: V. 10: Jedermann stellt zuerst den guten Wein auf und erst, wenn sie trunken sind, den geringeren – du hast den guten Wein bis jetzt aufgehoben! V. 11: Diesen Anfang seiner Zeichen wirkte Jesus zu Kana in Galiläa.

O. – Joh 3,14: Und wie Mose die Schlange in der Wüste erhöhte, so muß des Menschen Sohn erhöht werden.

N. – Joh 4,50: Jesus erwiderte: Geh nur, dein Sohn lebt! Der Mann schenkte dem Worte Glauben, das Jesus zu ihm gesprochen hatte, und ging. Joh 5,8: Da sprach Jesus zu ihm: Steh auf, nimm deine Bahre und geh deines Weges!

E. N. – Joh 6,5: Als Jesus die Augen erhob und die große Menge auf sich zukommen sah, sagte er zu Philippus: Wo sollen wir Brot kaufen, damit diese zu essen haben? ... V. 8: Da sagte einer von seinen Jüngern, Andreas, der Bruder des Simon Petrus zu ihm: V. 9: Es ist ein Knabe da, der hat fünf Gerstenbrote und zwei Fische; aber was ist das für so viele? V. 10: Jesus sagte: Laßt die Leute sich lagern! Es war viel

Gras an der Stelle, und sie lagerten sich – Männer waren es an die fünftausend. V. 11: Da nahm Jesus die Brote, sagte Dank und ließ sie unter die Lagernden verteilen, ebenso auch von den Fischen, so viel sie wollten. V. 12: Als sie sich gesättigt hatten, sprach er zu den Jüngern: Sammelt die übriggebliebenen Stücke, damit nichts verderbe! V. 13: Sie sammelten sie und füllten zwölf Körbe mit Stücken, die von den fünf Gerstenbroten beim Essen übriggeblieben waren.

V. – Joh 6,15: Jesus zog sich deshalb wieder auf den Berg zurück, er allein.

E. – Joh 6,27: Mühet euch nicht um die vergängliche Speise, sondern um jene Speise, die für das ewige Leben vorhält; und diese wird euch des Menschen Sohn geben ... V. 32: Nicht Mose hat euch das Brot vom Himmel gegeben, sondern mein Vater gibt euch das wahre Brot vom Himmel. V. 33: Das Brot Gottes ist es, das vom Himmel herabkommt und der Welt das Leben gibt ... V. 35: Ich bin das Brot des Lebens. Wer zu mir kommt, wird nicht mehr hungern ... V. 48: Ich bin das Brot des Lebens. V. 49: Eure Väter haben in der Wüste das Manna gegessen und sind gestorben. V. 50: Dies aber ist das Brot, das aus dem Himmel herabkommt, daß man von ihm esse und nicht sterbe. V. 51: Ich bin das lebendige Brot, das aus dem Himmel herabgekommen ist. Wer von diesem Brote ißt, wird in Ewigkeit leben, und zwar ist das Brot, welches ich geben werde, mein Fleisch für das Leben der Welt. V. 54: Wer mein Fleisch ißt und mein Blut trinkt, hat ewiges Leben, und ich werde ihn auferwecken am Jüngsten Tage. V. 55: Denn mein Fleisch ist die wahre Speise, und mein Blut ist der wahre Trank. V. 56: Wer mein Fleisch ißt und mein Blut trinkt, *bleibt in mir, und ich bleibe in ihm.* V. 57: Wie mich der lebendige Vater gesandt hat und ich durch den Vater lebe, so wird auch, *wer mich ißt, durch mich leben.* V. 58: Das ist das Brot, das aus dem Himmel herabkommt – nicht wie es die Väter gegessen haben und gestorben sind, sondern wer dieses Brot ißt, wird leben in Ewigkeit.

N. – Joh 7,14: Schon war das Fest zur Hälfte vorüber, als Jesus zum Tempel hinaufging und lehrte ... Joh 8,2: In der Morgenfrühe kehrte er wieder zum Tempel zurück ..., er setzte sich und lehrte sie ...

O. – Joh 8,28: Da sagte Jesus: Wenn ihr des Menschen Sohn erhöht habt, werdet ihr erkennen, daß ich es bin ... V. 40: Nun aber sucht ihr mich zu töten: ... V. 59: Da hoben sie Steine auf, um sie auf ihn zu werfen ...

N. – Joh 9,6: Er strich den Teig dem Blinden auf die Augen. V. 7: Dann sagte er zu ihm: Geh hin und wasche dich im Teiche Siloe!

N. O. – Joh 10,11: *Der gute Hirt gibt sein Leben hin für die Schafe* ... V. 14: Ich bin der gute Hirt ... V. 15: Ich setze mein Leben ein für die Schafe ... V. 17: Deshalb liebt mich der Vater, weil ich mein Leben hingebe ... V. 18: Ich gebe es von mir aus hin. Diesen Auftrag habe ich von meinem Vater erhalten.

O. – Joh 10,20: Manche von ihnen sagten: Er hat einen bösen Geist und ist von Sinnen ... V. 31: Da hoben die Juden wieder Steine auf, um ihn zu steinigen ... V. 39: Da suchten sie ihn wiederum in ihre Gewalt zu bringen.

N. – Joh 11,33: Als Jesus sie weinen sah ..., ward er im Geiste ergriffen und innerlich bewegt ... V. 35: Da weinte Jesus. V. 38: Unterdessen kam Jesus, aufs neue tief ergriffen, zum Grabe ... V. 43: Lazarus, komm heraus!

O. – Joh 11,51: Der Hohepriester tat den prophetischen Spruch, wonach Jesus für das Volk sterben sollte, V. 52: und nicht nur für das Volk, sondern auch, damit er die zerstreuten Kinder Gottes zur Einheit sammle.

O. – V. 53: Von dem Tage an waren sie entschlossen, ihn aus dem Wege zu räumen.

O. – Joh 12,23: Die Stunde ist gekommen, da des Menschen Sohn verherrlicht werden soll. V. 24: Wahrlich, wahrlich, ich sage euch: *Wenn das Weizenkorn nicht in die Erde fällt und stirbt, bleibt es für sich allein; stirbt es hingegen, so bringt es reiche Frucht.* V. 25: Wer sein Leben liebt, verliert es; wer aber sein Leben in dieser Welt hintansetzt, wird es fürs ewige

Leben bewahren. V. 26: *Wenn jemand mir dienen will, so folge er mir ...*

N. – Joh 12,27: Vater, errette mich aus dieser Stunde ... Aber nein, dazu bin ich ja in diese Stunde gekommen! Vater, verherrliche deinen Namen!

O. – Joh 12,32: Einmal von der Erde erhöht, werde ich alle an mich ziehen. V. 33: Das sagte er, um anzudeuten, welchen Tod er sterben werde.

E. – Joh 13,1: Es war vor dem Osterfest. Jesus wußte, daß seine Stunde gekommen war, aus dieser Welt zum Vater zu gehen, und da er die Seinen in der Welt liebte, so liebte er sie bis zur Vollendung.

N. – Joh 13,5: Dann goß er Wasser in ein Becken und schickte sich an, seinen Jüngern die Füße zu waschen ... V. 15: Ein Beispiel habe ich euch gegeben, daß auch ihr einander tut, wie ich euch getan habe.

O. – Joh 13,30: Als Judas den Bissen genommen hatte, ging er alsbald hinaus. Es war Nacht. V. 31: Als jener hinausgegangen war, sprach Jesus: Jetzt ist des Menschen Sohn verherrlicht worden, und Gott hat sich in ihm verherrlicht. V. 32: Wenn Gott in ihm verherrlicht ist, so wird Gott auch ihn verherrlichen.

N. – Joh 13,34: Ein neues Gebot gebe ich euch: daß ihr einander liebt. Wie ich euch geliebt habe, sollt auch ihr einander lieben. V. 35: Daran werden alle erkennen, daß ihr meine Jünger seid, wenn ihr Liebe zueinander habt.

N. V. – Joh 14,6: Ich bin der Weg, die Wahrheit und das Leben.

E. O. – Joh 14,18: Ich werde euch nicht verwaist zurücklassen: Ich komme zu euch.

E. – Joh 14,19: Noch eine kleine Weile, und die Welt sieht mich nicht mehr; ihr aber seht mich.

E. – Joh 14,20: An jenem Tage werdet ihr erkennen, daß ich in meinem Vater bin und ihr in mir und ich in euch.

E. – Joh 14,21: Wer mich liebt, wird von meinem Vater geliebt werden, und auch ich werde ihn lieben.

E. – Joh 14,23: Wenn jemand mich liebt, so wird er mein Wort halten, und mein Vater wird ihn lieben.

E. – Joh 14,28: Ich gehe hin und komme wieder zu euch.

E. – Joh 15,1: Ich bin der wahre Weinstock, und mein Vater ist der Winzer. V. 2: Jeden Zweig an mir, der keine Frucht trägt, nimmt er weg; und jeden, der Frucht trägt, reinigt er, daß er mehr Frucht trage ... V. 4: Bleibet in mir, so bleibe ich in euch. Wie der Zweig nicht Frucht bringen kann aus eigener Kraft, er bleibe denn im Weinstock, so auch ihr nicht, wenn ihr nicht in mir bleibt. V. 5: Ich bin der Weinstock, ihr seid die Zweige. Wer in mir bleibt und in wem ich bleibe, der trägt viel Frucht. Denn getrennt von mir könnt ihr nichts tun. V. 6: Wenn jemand nicht in mir bleibt, wird er weggeworfen wie der Zweig und verdorrt; solche liest man dann zusammen und wirft sie ins Feuer, und sie verbrennen. V. 7: Wenn ihr in mir bleibt und meine Worte in euch bleiben, so bittet, um was ihr wollt, und es wird euch geschehen.

N. – Joh 15,12: Das ist mein Gebot, daß ihr einander liebt, wie ich euch geliebt habe. V. 13: *Eine größere Liebe hat niemand, als wer sein Leben hingibt für seine Freunde.*

N. – Joh 15,17: Das gebiete ich euch, daß ihr einander liebet.

E. – Joh 16,16: Noch eine kleine Weile, so seht ihr mich nicht mehr; abermals eine Weile, so seht ihr mich wieder.

E. – Joh 16,22: So seid auch ihr jetzt traurig, aber ich werde euch wiedersehen; dann wird euer Herz sich freuen, und niemand kann euch die Freude nehmen.

O. – Joh 16,33: In der Welt habt ihr Drangsal – aber seid getrost: Ich habe die Welt überwunden.

N. – Joh 17,11: Damit sie eins seien wie wir.

N. – Joh 17,21: Daß alle eins seien, wie du, Vater, in mir und ich in dir, daß auch sie in uns eins seien.

N. – Joh 17,22: Damit sie eins seien, so wie wir eins sind.

E. N. – Joh 17,23: Ich in ihnen und du in mir, damit sie vollendet seien zur Einheit.

E. – Joh 17,26: Damit die Liebe, mit der du mich geliebt hast, in ihnen sei und ich in ihnen.

O. – Joh 18,11: Stecke das Schwert in die Scheide! Soll ich etwa den Kelch nicht trinken, den mir der Vater gegeben hat?

V. – Joh 18,36: Mein Reich ist nicht von dieser Welt.

O. – Joh 19,1: Jetzt ließ Pilatus Jesus nehmen und geißeln.

O. – Joh 19,2: Die Soldaten flochten eine Krone aus Dornen und setzten sie ihm aufs Haupt ... V. 3: Auch gaben sie ihm Backenstreiche.

O. – Joh 19,6: ... sie schrien: Kreuzige ihn!

O. – Joh 19,17: Sein Kreuz selber tragend, schritt er hinaus zur sogenannten Schädelstätte, hebräisch Golgota.

O. – Joh 19,18: Dort kreuzigten sie ihn.

V. – Joh 19,23: Die Soldaten nahmen seine Oberkleider und machten daraus vier Teile, für jeden Soldaten einen.

N. – Joh 19,27: Danach sprach er zum Jünger: Siehe, deine Mutter.

V. – Joh 19,28: Jesus sprach – damit erfüllte sich die Schrift bis zum letzten –: Mich dürstet! V. 29: So steckten sie einen mit Essig gefüllten Schwamm auf einen Speer und hielten ihm diesen an den Mund.

O. – Joh 19,30: Er neigte sein Haupt und gab den Geist auf.

E. – Joh 19,34: Einer von den Soldaten stieß ihm die Lanze in die Seite, und alsbald kam Blut und Wasser heraus.

N. – Joh 20,17: Ich fahre auf zu meinem Vater und eurem Vater, zu meinem Gott und eurem Gott!

E. – Joh 21,9: Sie sahen ein Kohlenfeuer am Boden, darauf einen Fisch und Brot ... V. 12: Jesus rief ihnen zu: Kommt zum Frühmahl! ... V. 13: Jesus kam herzu, nahm das Brot und gab es ihnen, und ebenso den Fisch.

N. – Joh 21,15: Weide meine Lämmer!

O. – Joh 21,18: Als du noch jung warst, gürtetest du dich selbst und gingst, wohin du wolltest; bist du aber einmal alt geworden, wirst du deine Hände ausstrecken, und ein anderer wird dich gürten und dich hinführen, wohin du nicht willst. V. 19: Damit wollte er ihm andeuten, durch welchen Tod er Gott verherrlichen werde, und er schloß mit den Worten: Folge mir nach! V. 22: Du folge mir nach!

3. Vorbild der *Tonsur und der vier niederen Weihen* ist das *verborgene Leben unseres Herrn von seiner Menschwerdung bis zu seiner Taufe.*

Vorbild des *Subdiakonats* ist das *40tägige Fasten unseres Herrn in der Wüste.*

Vorbild des *Diakonats* ist das *öffentliche Leben unseres Herrn nach seinem Fasten in der Wüste bis zum Beginn des Letzten Abendmahls.*

Vorbild des *Priestertums* sind die *letzten Augenblicke im Leben unseres Herrn vom Beginn des Letzten Abendmahls bis zu seinem letzten Aufschrei.*

Die besondere Verpflichtung *der Tonsur und der vier niederen Weihen* besteht in einem *,,Leben mit Christus in Gott verborgen".* [3]

Die besondere Verpflichtung *des Subdiakonats* besteht in der *Loslösung* von allen Kreaturen.

Die besondere Verpflichtung *des Diakonats* besteht in der *Nächstenliebe.*

Die besondere Verpflichtung *des Priestertums* besteht in der *Darbringung des Opfers* Jesu auf dem Altar und seiner selbst am Kreuz.

Wer die Tonsur und die niederen Weihen empfangen hat, muß ein ,,mit Christus in Gott verborgenes Leben"[4] führen wie unser Herr im Schoß seiner Mutter, in Betlehem, in Ägypten, in Nazaret ... in der Verborgenheit, im Gebet, im Gehorsam, in Arbeit, in Selbstverleugnung, in Armut, in Stille, in Zurückgezogenheit, in göttlicher Betrachtung.

Die *Subdiakone* müssen sich wie unser Herr in der Wüste von allem Geschaffenen lösen durch die Abtötung, die vollkommene Armut, die vollkommene Keuschheit, die Einsamkeit, die Trennung von Familie und Welt. Sie müssen tot sein gegenüber allem, was nicht Gott ist, den eigenen Willen vollkommen in dem göttlichen Willen verlieren, das eigene Herz in der göttlichen Liebe, den Geist in der göttlichen Betrachtung, die Erinnerungen in der Erwartung, Gott zu besitzen. Sie müssen die Tugenden beachten, die der Tonsur und den niederen Weihen eigen sind, und die Tugenden hinzufügen, die dem Subdiakonat eigen sind.

Die *Diakone* müssen sich um das Wohl der Seelen kümmern, wie es Jesus in seinem öffentlichen Leben getan hat; sie dürfen sich nicht damit begnügen, ihnen das Brot des göttlichen Wortes, das Brot für den Leib oder das eucharistische Brot auszuteilen, sondern sie sollen, soweit es von ihnen abhängt, alle drei Arten des Brotes austeilen nach dem Beispiel Jesu. Sie sind die *Hände* Jesu: Durch sie teilt Jesus das dreifache Brot aus, mit dem er uns nährt: das Brot für den Leib, das Brot des göttlichen Wortes, das Brot der heiligen Eucharistie. Sie müssen die Liebe, die Wohltätigkeit, die Güte haben, welche die *Hände* Jesu bewegen ... Sie müssen sich daran erinnern, daß der Name Jesus seine und ihre besondere Sendung ausdrückt, die des Hauptes und die der Glieder, und daß dieser Name ,,Erlöser" bedeutet ... Wie Jesus sollen sie auf dieser Erde leben, Gutes tun, alle Schwachheit und alles moralisch und materiell Schlechte heilen, soweit es von ihnen abhängt ... Wie Jesus dürfen sie sich nicht ,,bedienen lassen, sondern müssen dienen und ihr Leben hingeben als Lösegeld für viele".[5] Sie müssen wie Jesus ,,Feuer auf die Erde werfen" und nichts anderes wünschen, als ,,daß es schon brenne"[6]. Sie müssen *Gutes tun* wie die *Hände* Jesu, in Fülle austeilen, in dem größtmöglichen Maß: einmal das Brot des göttlichen Wortes (,,verkündet"), das alle Werke der Verkündigung, der Leitung, der Evangelisation, der geistlichen Bemühungen um die Seelen umfaßt, zum anderen das Brot für den Leib (,,heilet"), das alle leiblichen Werke der Barmherzigkeit einschließt, Tröstung der Betrübten, Sorge um die Kranken, Almosen, Gastfreundschaft, Kindererziehung, dann alles, was dazu dient, den Menschen in ihren zeitlichen Nöten beizustehen, und schließlich das eucharistische Brot, jedesmal wenn die Seelen fähig sind, daraus Nutzen zu ziehen ... Die Diakone müssen Jesu *Hände* sein, Austeiler seines *dreifachen Brotes.* Sie müssen die Güte und die *Liebe* haben, die den *Händen* unseres Heilands entspricht.

Die *Priester* müssen Jesus seinem Vater auf dem Altar darbringen, in der heiligen Eucharistie, zu seiner Ehre und zum Heil der Menschen, so wie Jesus sich beim Letzten Abendmahl zum Opfer gebracht hat; sie müssen sich mit Jesus am Kreuz seinem Vater darbringen zu seiner Ehre, zur Ehre Jesu und zum Heil aller Menschen, indem sie mit Jesus die Todesangst, das Leiden, den Tod erdulden in dem Maß, wie Jesus sie dazu berufen will, seinen Kelch mit ihm zu teilen und mit ihm Opfer zu sein.

Die *Subdiakone* müssen alle Tugenden besitzen, die der Tonsur und den niederen Weihen eigen sind, und jene hinzufügen, die für die Subdiakone charakteristisch sind.

Die *Diakone* müssen alle Tugenden besitzen, die denen eigen sind, welche die Tonsur, die niederen Weihen und das Subdiakonat empfangen haben, und jene hinzufügen, die für die Diakone charakteristisch sind.

Die *Priester* müssen alle eben genannten Tugenden besitzen und jene hinzufügen, die für die Priester charakteristisch sind.

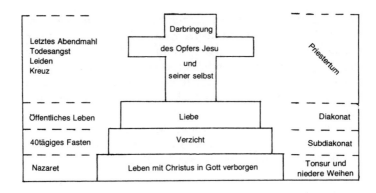

oder anders ausgedrückt:

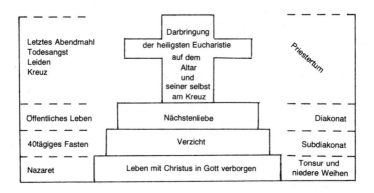

Den Ruf, die Berufung zu den verschiedenen Weihen findet man *im Evangelium* angedeutet oder vorgebildet in den folgenden Worten:

Berufung, Ruf zur *Tonsur und den niederen Weihen:* „Ihr also sollt vollkommen sein, wie euer himmlischer Vater vollkommen ist" (Mt 5,48) „Gebt Gott, was Gott gehört!" (Mk 12,17). „Den Herrn, deinen Gott, sollst du lieben aus deinem ganzen Herzen, aus deiner ganzen Seele, aus all deinem Sinnen und Denken und all deiner Kraft" (Mk 12,30). "Wenn jemand mir dienen will, so folge er mir" (Joh 12,26). "Ich bin der Weg, die Wahrheit und das Leben" (Joh 14,6). "Ich bin das Licht der Welt. Wer mir folgt, wird nicht im Finstern wandeln, sondern wird das Licht des Lebens haben" (Joh 8,12).

Berufung, Ruf zum *Subdiakonat:* Mt 4, 18–22.

Berufung, Ruf zum *Diakonat:* Lk 9,1–5. 10–17.

Berufung, Ruf zum *Priestertum:* Lk 22,19.

4. Die Gabe des Heiligen Geistes, die man im *Diakonat* als wichtigste von Gott erbitten soll, ist die *"Frömmigkeit"* (im Sinne von "Güte, praktische Liebe") gegenüber dem Nächsten (den Nächsten zu lieben, wohltätig zu sein ist die eigentliche Aufgabe des Diakonats) und gegenüber Gott (die vollkommene Gottesliebe ist *allein* fähig, uns eine vollkommene Nächstenliebe einzuflößen.

5. Bei *der Tonsur und den niederen Weihen* wird man zu einem *kleinen Bruder* Jesu, der zusammen mit der heiligsten Jungfrau und dem heiligen Josef im Haus von Nazaret zu Füßen Jesu lebt wie sein kleiner Bruder, und zwar während seines ganzen verborgenen Lebens.

Beim *Subdiakonat* schenkt man sich vollkommen und untrennbar Jesus als seine Gemahlin, macht ihm seine Liebeserklärung und schwört, ihm allein für immer zu gehören. Jesus nimmt diese Schwüre und Versprechen gütig entgegen, heißt sie gut und stimmt zu, daß der Subdiakon nur für ihn allein lebt und ihn mit dem ganzen Eifer des Herzens liebt. Er nimmt die vollkommene Hingabe des Subdiakons an und nimmt ihn mit sich in seine Einsamkeit wie eine treue *Gemahlin,* der er zu allen Zeiten erlaubt, ihm in jedem Augenblick seines Lebens und überall zu folgen und ständig an seinem Leben teilzuhaben. Aber während er den Subdiakon wie eine *Gemahlin* annimmt und die Hingabe seiner Liebe und seines ganzen Seins gutheißt, schenkt er selbst sich ihm noch nicht. Im *Diakonat* schenkt Jesus sich demjenigen, dessen Liebe er im Subdiakonat angenommen hat; jedoch *schenkt er sich ihm selten, bei besonderen Gelegenheiten und auf außerordentliche Weise.* Das ist eine unendliche, unvergleichliche Gunst, es ist der Himmel: Der Diakon hat Jesus, seinen Gemahl, in seinen Händen, wie Maria und Josef das Jesuskind hielten. Er ist glücklicher als die heilige Magdalena, denn Jesus sagt ihm nicht „Halt mich nicht fest", sondern überläßt sich ihm voll und ganz, wie sich der Gemahl der Gemahlin schenkt. Doch Jesus gewährt dem Diakon diese Gunst nur selten, in großen Abständen, in außergewöhnlichen Augenblicken.

Bei der *Priesterweihe* wählt Jesus denjenigen, dem er sich im Diakonat selten und auf außerordentliche Weise geschenkt hat, als *bevorzugte Gemahlin, indem er ihm alle Rechte einer Gemahlin gibt, vollständige und gewohnheitsmäßige Rechte, das beständige Recht,* jederzeit über seinen Leib wie auch seinen Geist zu verfügen. Er schenkt sich ihm nicht nur zu außergewöhnlichen Gelegenheiten, sondern jeden Tag. Der Priester besitzt alle Rechte einer Gemahlin, das beständige Recht über Leib und Geist des göttlichen Gemahls (denn Jesus antwortet und kommt, wenn der Priester ihn zu sich ruft; er verzeiht, wenn der Priester in seinem Namen verzeiht; er anerkennt die Taten, die er an seiner Stelle vollzieht); er erhält die Rechte auf seine Reichtümer, auf alle seine Schätze (er teilt in den Sakramenten großzügig die Schätze der Gnaden aus); er erhält die Rechte auf seine Kinder (er hat die Vollmacht, die Autorität, sie zu führen, ihnen zu verzeihen, sie zu bestrafen); kurz: der Priester hat alle Rechte einer Gemahlin, der ihr Gemahl vollständig und undwiderruflich alles gegeben hat, was er besitzt und was er ist.

6. In Ester[7] ist *zu der Zeit, als sie mit Sorge und Liebe im Haus des Mordechai* aufgezogen wurde, das Leben dessen vorgebildet, der *die Tonsur und die niederen Weihen* empfangen hat.

In Ester ist *zu der Zeit, als sie aus ihrer Familie entfernt war und ausgesondert wurde, um dem großen König geweiht zu werden,* als sie im Schloß des Königs eine Reihe von Vorbereitungen über sich ergehen ließ, um seiner würdig zu werden, *als sie aber noch nicht in seine Gegenwart zugelassen war,* das Leben im *Subdiakonat* vorgebildet.

In Ester ist *zu der Zeit, als der große König sich ihr genaht hat und ihr Gemahl geworden ist, sie aber nur von Zeit zu Zeit und bei außergewöhnlichen Anläßen rief, damit sie auf besonderes und außergewöhnliches Geheiß hin die Vorrechte der Gemahlin genieße,* das Leben im *Diakonat* vorgebildet.

In Ester ist *zu der Zeit, als sie zur bevorzugten, eigentlichen Gemahlin geworden war, die alle Tage zu dem großen König kommen konnte, wann sie wollte, und die bei ihm alle Rechte einer Gemahlin genoß,* das Leben nach der *Priesterweihe* vorgebildet.

7. Bei der *Tonsur und den niederen Weihen* wird man zu einem *kleinen Bruder* Jesu.

Beim *Subdiakonat* macht man Jesus eine Liebeserklärung; man schwört, niemanden außer ihm zu lieben und einzig für ihn zu leben. Jesus nimmt diesen Schwur an, erlaubt einem, sich durch die Gelübde unauflöslich an ihn zu binden; aber während er dem Subdiakon erlaubt, einzig für seine Liebe zu leben, nimmt er ihn doch noch nicht als seine Braut an.

Bei der *Diakonatsweihe* feiert Jesus seine Verlobung mit dem Erwählten ... Er gibt ihm noch nicht die vollständigen und endgültigen Rechte über seinen Leib, aber er gewährt ihm doch bereits von Zeit zu Zeit bestimmte Macht über seinen Leib (Er gibt ihm von Zeit zu Zeit, wann er will, mehr oder weniger oft „einen Kuß seines Mundes"[8], eine zarte Umarmung, einen Händedruck). Bei der *Priesterweihe* feiert Jesus die vollständige, endgültige Vermählung mit dem Diakon.

8. Die große Gnade der *Tonsur und der niederen Weihen* besteht darin, daß man ein *kleiner Bruder* Jesu wird und Tag

und Nacht mit ihm, bei ihm und seinen heiligen Eltern, im Hause zu Nazaret leben kann; man gehört zur Heiligen Familie.

Die große Gnade des *Subdiakonats* besteht darin, daß Jesus uns erlaubt, ihn zu lieben, daß er das vollkommene und endgültige Geschenk des Herzens, unserer Seele, unseres Geistes und unseres ganzen Seins annimmt und uns erlaubt, daß wir ihm schwören, einzig und allein für ihn zu leben. Er nimmt unsere Liebe an.

Die Gnade des *Diakonats* besteht darin, daß Jesus uns erlaubt, seinen Leib, die heilige Eucharistie, von Zeit zu Zeit zu berühren.

Die große Gnade des *Priestertums* besteht darin, daß Jesus uns erlaubt, seinen Leib, die heilige Eucharistie täglich aufgrund bleibender Vollmacht zu berühren.

9. Die *Gabe des Heiligen Geistes,* die ich ganz besonders erbitte, ist die Gabe der *Frömmigkeit.*

10. Was ich beim Empfang der Diakonatsweihe von Gott vor allem und als besondere Gnade erbitte – nach ,,der Verherrlichung seines Namens, dem Kommen seines Reiches, der Erfüllung seines Willens wie im Himmel so auf Erden" –, ist dies: daß ich jeden Augenblick meines Daseins das sein und das tun möge, was Gott am meisten gefällt: ... Das erbitte ich von dir, Heiliger Geist, aus ganzem Herzen – in dir, durch dich und für dich, durch das heiligste Herz unseres Herrn Jesus, dem alle Ehre und Verherrlichung sei mit dem Vater und mit dir von Ewigkeit zu Ewigkeit. Amen. Ich bitte dich darum nicht nur für mich, sondern auch für alle Menschen, die es jetzt und künftig gibt. Amen.

11. Mein Gott, gib mir die Gnade, vollkommen die Empfehlung zu befolgen, die du den Aposteln gegeben hast, nachdem du ihnen ihre Aufgaben als Diakone zugewiesen hast (Lk 9,3): ,,Nehmet nichts mit auf den Weg, weder Stab noch

Tasche, noch Brot, noch Geld! Auch sollt ihr nicht zwei Röcke besitzen ..." Jesus, mein Gemahl, schenke mir die Gnade, mit dir und wie du vollkommen diese *Armut* zu leben, diesen *Mut*, dieses *Vertrauen* in dich, diesen *Glauben*, dieses *Sich-Ausliefern* an die göttliche Vorsehung ... Laß mich, mein Gott, vollkommen mit dir und wie du den folgenden Ratschlag erfüllen: „Wenn ihr in einem Hause eingekehrt seid, so bleibet daselbst, bis ihr weiterzieht!" (Lk 9,4) – mit *Demut, Einfachheit, Selbstverleugnung, Armut, Mut* ... Gib mir, Herr, den Geist des Glaubens, das innere Leben des Glaubens, von dem alles kommt, zusammen mit der Hoffnung und der Liebe ... Laß mich, mein Gott, aus dem Glauben, der Hoffnung und der Liebe leben, damit ich in jedem Augenblick meines Daseins alle Pflichten des Diakonats, die du mir auferlegt hast, gut erfülle, wie es dir am besten gefällt: *daß ich die drei Arten deines Brotes an alle Menschen austeile, so reichlich wie möglich: das Brot des göttlichen Wortes, das Brot jeder Art von materiellen Almosen, das eucharistische Brot – in gleicher Armut wie du, mit dem gleichen Mut wie du, im gleichen Sich-Überlassen an die göttliche Vorsehung wie du* ... Damit ich die Pflichten, die du mir eben auferlegt hast, erfülle; damit ich immer voll *des Heiligen Geistes* bleibe, den du mir eben verliehen hast; damit ich immer voll *Frömmigkeit* sei und *in jedem Augenblick meines Daseins das sei und tue, was dir am besten gefällt:* Gib mir und mehre in mir in größtmöglichem Maße *den Glauben, die Hoffnung und die Liebe.*

DIE WAHL BEI DEN EXERZITIEN ZUR DIAKONATSWEIHE[9]

Karsamstag 1901

Jesus caritas

Qui dicit se in ipso manere,
debet sicut ipse ambulavit,
et ipse ambulare [10] *(1 Joh 2,6).*

„Was kann ich tun, um Gott die größte Freude zu machen?"
Das, worin die größte Liebe liegt.
Die größte Liebe liegt in der möglichst vollkommenen Nachahmung. Die möglichst vollkommene Nachahmung bedeutet, Jesus vollkommen nachzuahmen in einer der drei Lebensweisen, von denen er uns ein Beispiel gegeben hat: Predigt, Wüste, Nazaret.
Ich bin sicher nicht zur Predigt berufen, dazu bin ich innerlich nicht fähig; noch zur Wüste, mein Körper kann nicht leben, ohne zu essen; ich bin also zum Leben von Nazaret berufen (dazu sind mein Geist und Leib fähig, und dazu fühle ich mich hingezogen).
Wo finde ich die möglichst vollkommene Nachahmung des Lebens von Nazaret?
Bei den Kleinen Brüdern vom Heiligsten Herzen Jesu und nirgendwo anders ... In keinem anderen Institut gibt es diese Armut, diese Selbstverleugnung, diese Buße, diese Zurückgezogenheit, diese Einfachheit, diese ständige Anbetung Jesu im Sakrament ... In einem vollkommen abgeschiedenen Leben oder mit sehr wenigen Gefährten würde die ständige Anbetung Jesu im Sakrament fehlen ... Bei einem Leben an der Pforte eines Klosters[11] kann man zwar in dessen Kapelle das Allerheiligste anbeten, doch es würde die Zurückgezogenheit

fehlen. Bei den Kleinen Brüdern vom Heiligsten Herzen findet man alles, wonach die größte Liebe verlangt: Nachfolge (man bemüht sich, Jesus in allem nachzuahmen), Gehorsam (man ist bemüht, sich in allem den Vorschriften und Ratschlägen Jesu anzupassen), Kontemplation, (Klausur, Sammlung, Gebet, inneres Beten), Opfer (ständige Abtötung und – wenn es Gott gefällt – das Martyrium), Verherrlichung Gottes (zur Heiligung seiner selbst und aller Menschen tut man alles, was sich mit dem Leben von Nazaret vereinbaren läßt; alles, was Jesus während der 30 Jahre in Nazaret getan hat, in denen er Gott so sehr verherrlicht hat).

Sind auch andere außer mir zum Leben der Kleinen Brüder vom Heiligsten Herzen Jesu berufen?

Ja; alle, die berufen sind zur Vollkommenheit, zur größten Liebe, dazu, Jesus zu ,,folgen", ohne dabei zu einem Leben der Verkündigung noch der Wüste berufen zu sein, sind zu einem Leben in dieser Gemeinschaft berufen wie ich und aus denselben Gründen.

Ich muß mich also sehr anstrengen, dieses Leben der Kleinen Brüder vom Heiligsten Herzen mit anderen zusammen zu führen: Das ist es, ,,womit ich Gott die größte Freude machen kann".

Exerzitien zur Priesterweihe

In dreißigtägigen Exerzitien (9. Mai bis 8. Juni 1901) konzentriert Bruder Karl sich ganz auf die Heilige Schrift. Er schreibt wieder die Verse heraus, die ihn jetzt besonders beeindrucken. Sie drängen ihn, am Erlösungswerk Jesu mitzuwirken in der Hingabe an den Vater und an die Menschen, besonders an die Ärmsten.

Seine „Wahl" am Ende dieser entscheidenden Exerzitien trifft er in zwei Abschnitten: Bezüglich der Aufopferung an Gott nochmals anhand der Schrift, bezüglich der Hingabe an die Menschen anhand des ignatianischen Schemas.

Ursprünglich hatte Bruder Karl nach der Weihe noch ein Jahr bei den Trappisten bleiben wollen. Doch inzwischen ist die Kraft des Geistes, die ihn weitertreibt zu den Ärmsten, unwiderstehlich geworden. Abbé Huvelin muß ihn am 29. Mai brieflich mahnen, er solle sich mit „aktiven Vorbereitungen" für neue Pläne doch bitte gedulden! Tatsächlich ringt Bruder Karl sich wieder zu einem Opfer ähnlich dem vor seiner Entlassung aus dem Trappistenorden durch. Die „Bemerkungen", die er seiner Wahl anfügt (offensichtlich nach der Weihe), zeigen, auf welche Weise er dem inneren Drängen entsprechen will: Er möchte seine Pläne nicht mit menschlichen Mitteln durchsetzen, sondern sich in unbedingtem Gehorsam Gott anheimgeben. Er wird dem Bischof seine Gedanken darlegen und die weitere Entscheidung der Führung Gottes durch die Hirten seiner Kirche überlassen. Wie oft hatte er schon geschrieben: „Wer euch hört, hört mich" (Lk 10,16).

Die Priesterweihe fand statt in Viviers am Fronleichnamsfest,
den 9. Juni 1901

Apostelgeschichte, Briefe, Offenbarung des Johannes[2]

1. – Apg 21,13: *Ich bin bereit, nicht nur mich in Jerusalem in
Fesseln legen zu lassen, sondern auch für den Namen Jesu, des
Herrn, zu sterben.*

2. – Apg 23,11: In der folgenden Nacht war der Herr dem
Paulus zur Seite und sprach: Sei guten Mutes! So wie du in Je-
rusalem für mich Zeugnis gegeben hast, sollst du auch nach
Rom kommen und dort Zeugnis geben.

3. – Röm 5,8–9: Gott aber erweist seine Liebe zu uns dadurch, daß Christus, als wir noch Sünder waren, für uns
starb. Wieviel mehr werden wir jetzt durch ihn, da wir durch
sein Blut gerechtfertigt sind, vor dem Zorn gerettet werden!

4. – Röm 8,6: Das Trachten des naturhaft Irdischen bedeutet
Tod, das Trachten des Geistes aber Leben und Frieden.

5. – Röm 8,7: Darum bedeutet das Trachten des naturhaft
Irdischen Feindschaft gegen Gott: Es will sich dem Gesetze
Gottes nicht unterstellen und kann es auch gar nicht.

6. – Röm 8,31: Wenn Gott für uns ist, wer könnte gegen uns
sein?

7. – Röm 8,35: *Wer wird uns trennen können von der Liebe
Christi? Not oder Drangsal, Verfolgung, Hunger, Blöße, Gefahr oder Henkersschwert?*

8. – Röm 11,36: Aus ihm, durch ihn und zu ihm hin ist alles.
Sein ist die Ehre in Ewigkeit. Amen.

9. – Röm 12,1: So mahne ich euch, Brüder, bei dem Erbar-
men Gottes, bringet euren Leib als lebendige, heilige, Gott
wohlgefällige Opfergabe dar, als euren geistigen Gottes-
dienst.

10. – Röm 12,2: Gleichet euch nicht dieser Welt an, vielmehr
wandelt euch durch Erneuerung des Sinnes, um durch Erfah-

rung zu lernen, was der Wille Gottes ist, das Gute, Wohlgefällige und Vollkommene.

11. – Röm 12,5–21: So sind wir, die vielen, ein Leib in Christus, und im Verhältnis zueinander Glieder ... Seid bedacht auf das, was edel ist in den Augen aller Menschen; haltet möglichst, soweit es auf euch ankommt, mit allen Menschen Frieden! Rächet euch nicht selbst, Geliebte, sondern überlaßt es Gott, zu zürnen; steht doch geschrieben: Mein ist die Rache, ich will vergelten, spricht der Herr – vielmehr, wenn deinen Feind hungert, speise ihn, und wenn er Durst leidet, gib ihm zu trinken ...Laß dich vom Bösen nicht überwinden, sondern überwinde das Böse durch das Gute!

12. – Röm 13,8: Bleibet niemandem etwas schuldig – nur eines schuldet ihr: einander zu lieben. Denn wer den Nächsten liebt, hat das Gesetz erfüllt.

13. – Röm 13,10: Die Liebe ist also die Erfüllung des Gesetzes.

14. – Röm 14,15: Bring nicht einen, für den Christus gestorben ist, durch deine Speise ins Verderben.

15. – 1 Kor 2,2: Ich hatte mir vorgenommen, bei euch von nichts zu wissen als von Jesus Christus, und zwar dem Gekreuzigten.

16. – 1 Kor 3,18: Wenn sich einer von euch für weise hält in dieser Welt, soll er zum Toren werden, um weise zu werden.

17. – 1 Kor 3,19: Denn die Weisheit dieser Welt ist Torheit vor Gott.

18. – 1 Kor 3,22–23: Denn alles gehört euch, sei es nun Paulus oder Apollos oder Kephas, sei es Welt oder Leben oder Tod, sei es Gegenwart oder Zukunft: Alles gehört euch – ihr aber gehört Christus, und Christus Gott.

19. – 1 Kor 4,10–13: Wir sind Toren um Christi willen ... schwach ... ehrlos. Bis zur Stunde leiden wir Hunger und Durst, sind nackt, geschlagen, ohne Rast und Ruhe und müssen uns abmühen mit unserer Hände Arbeit. Wenn wir geschmäht werden, segnen wir; wenn wir verfolgt sind, tragen wir's in Geduld; für schnöde Beschimpfungen haben wir gute

Worte – wie der Abschaum der Welt sind wir, wie aller Auswurf bis zur Stunde.

20. – 1 Kor 4,16: *So darf ich euch mahnen: Ahmet mich nach!*

21. – 1 Kor 6,7: Nun ist es überhaupt schon ein Mangel bei euch, daß ihr Rechtshändel miteinander habt. Weshalb leidet ihr nicht lieber Unrecht? Weshalb ertragt ihr nicht lieber Nachteil?

22. – 1 Kor 6,15: Wißt ihr nicht, daß der Leib eines jeden von euch ein Glied Christi ist?

23. – 1 Kor 6,17: Wer aber dem Herrn anhängt, ist ein Geist mit ihm.

24. – 1 Kor 6,19–20: Und wißt ihr nicht, daß euer Leib ein Tempel des Heiligen Geistes ist, der in euch wohnt? Ihn habt ihr von Gott, und deshalb gehört ihr nicht euch selbst; denn ihr seid um einen hohen Preis erkauft. So ehret Gott mit eurem Leibe!

25. – 1 Kor 7: Es ist gut für einen Mann, keine Frau zu berühren – aber zur Verhütung von Unzucht soll jeder seine Frau und jede Frau ihren Mann haben … Das sage ich aber als Zugeständnis, nicht als Gebot. Ich wollte ja, alle Menschen wären wie ich; aber jeder hat von Gott seine eigene Gnadengabe, der eine so, der andere anders. *Den Unverheirateten und den Witwen sage ich: Gut ist es für sie, wenn sie dabei bleiben wie ich. Wenn sie sich aber nicht enthalten können, sollen sie heiraten; denn es ist besser, zu heiraten als zu brennen* … Über die Jungfrauen habe ich keine Anordnung vom Herrn; ich spreche darüber nur meine Meinung aus als einer, der durch des Herrn Barmherzigkeit Vertrauen verdient. Nun denn, ich meine, ein solcher Stand ist gut wegen der gegenwärtigen Bedrängnis; es ist gut für den Menschen, so zu leben. *Bist du an die Frau gebunden, so suche keine Lösung; bist du frei von der Frau, so suche dir keine* … Das möchte ich euch sagen, Brüder: Die Zeit ist beschränkt! Möchten also hinfort jene, die Frauen haben, so leben, als hätten sie keine; … und die sich mit der Welt befassen, als machten sie keinen Gebrauch von ihr. Denn die Gestalt dieser Welt vergeht, und ich möchte

gern, daß ihr unbeschwert von Sorgen wäret. Der Ehelose kümmert sich um die Sache des Herrn, wie er dem Herrn gefalle; der Verheiratete hingegen hat Sorge um die Dinge der Welt, wie er der Frau gefalle, und ist geteilt. Die Frau, die nicht in der Ehe lebt, und die Jungfrau denkt an die Sache des Herrn, um an Leib und Geist heilig zu sein; die Verheiratete hingegen denkt an die Dinge der Welt, wie sie dem Manne gefalle. Aber das sage ich nur zu eurem Besten; nicht um euch eine Schlinge überzuwerfen, sondern damit ihr euch des Edlen befleißigt und ohne Ablenkung um so inniger dem Herrn angehört ... Wer seine Jungfrau zur Ehe nimmt, tut gut, und wer sie nicht ehelicht, wird *besser tun*. Die Frau ist gebunden, solange ihr Mann lebt. Wenn ihr Mann entschlafen ist, ist sie frei, sich zu verheiraten, mit wem sie will, wenn es nur im Herrn geschieht. *Seliger aber ist sie nach meiner Meinung, wenn sie so bleibt, wie sie ist – und ich glaube doch auch, den Geist Gottes zu haben.*

26. – 1 Kor 8,1: Die Erkenntnis verführt leicht zu Dünkel, während die Liebe dem Aufbau dient.

27. – 1 Kor 8,11: Und so würde der Schwache durch deine Erkenntnis verderben – der Bruder, für den Christus gestorben ist.

28. – 1 Kor 9,22: Allen bin ich alles geworden, um auf jede Weise einige zu retten.

29. – 1 Kor 10,16–17: Ist der Segenskelch, den wir segnen, nicht die Gemeinschaft mit dem Blute Christi – das Brot, das wir brechen, nicht die Gemeinschaft mit dem Leibe Christi? Weil es ein Brot ist, sind wir ein Leib, die vielen: denn wir haben alle an dem einen Brote teil.

30. – 1 Kor 10,24: Niemand sei auf seinen Vorteil bedacht, sondern auf des anderen Wohl.

31. – 1 Kor 10,31: Möget ihr essen oder trinken oder sonst etwas tun, alles tut zur Verherrlichung Gottes!

32. – 1 Kor 10,32–33: Vermeidet Anstoß sowohl für Juden wie für Heiden wie für die Gemeinde Gottes! So bin auch ich allen in allem gefällig; ich suche nicht, was mir, sondern

was den vielen zuträglich ist, damit sie alle gerettet werden.

33. – 1 Kor 11,1: *Folget meinem Beispiel, wie ich dem Beispiel Christi folge!*

34. – 1 Kor 12,26: Wenn ein Glied leidet, so leiden alle Glieder mit, und wenn ein Glied ausgezeichnet ist, so haben alle an seinem Wohlsein teil.

35. – 1 Kor 12,27: Ihr seid Christi Leib, und Glieder für euren Teil.

36. – 1 Kor 13,1–7: Wenn ich in Sprachen von Menschen und von Engeln redete, hätte aber nicht Liebe, so wäre ich ein tönendes Erz und eine klingende Schelle. Wenn ich die Gabe der eingegebenen Rede hätte, alle Geheimnisse wüßte und alle hohe Erkenntnis, dazu auch allen Glauben besäße, um Berge zu versetzen, aber hätte nicht Liebe, so wäre ich nichts. Und wenn ich alles, was ich besitze, den Armen verteilte, und wenn ich meinen Leib hingäbe, daß er verbrannt werde, hätte aber nicht Liebe, es nützte mir nichts. Die Liebe ist langmütig, die Liebe ist freundlich und ohne Neid, die Liebe prahlt nicht und bläht sich nicht auf. Sie benimmt sich nicht anmaßend und sucht nicht den Vorteil; sie läßt sich nicht aufreizen, sie trägt das Böse nicht nach; sie freut sich nicht über das Unrecht, sie freut sich mit an der Wahrheit. Alles umhüllt sie milde, alles glaubt sie, alles hofft sie, alles duldet sie.

37. – 1 Kor 13,8–13: Die Liebe hört niemals auf. Reden aus Eingebung des Geistes, die werden ein Ende nehmen; Sprachengaben der Entrückung, die werden aufhören; hohe Erkenntnis wird nicht mehr gelten ... Jetzt bleiben Glaube, Hoffnung, Liebe, diese drei – das Größte aber von ihnen ist die Liebe.

38. – 1 Kor 14,20: Brüder, seid nicht Kinder an Verstand! Seid vielmehr Kinder an Bosheit – an Verstand aber reife Menschen!

39. – 1 Kor 16,14: Alles bei euch geschehe in Liebe!

40. – 2 Kor 5,14: Ja, die Liebe Christi drängt uns ...

41. – 2 Kor 6,4–10: *Wir wollen uns in allem als Diener Gottes erweisen: mit viel Geduld; in Drangsalen, Ängsten und Nö-*

ten; bei Mißhandlungen, Einkerkerungen, Volksverhetzungen; unter Mühen, Nachtwachen, Fasten; in Reinheit, Erkenntnis, Langmut und Güte; in heiligem Geist und ungeheuchelter Liebe, in Wahrheitsrede und Gottes Kraft; mit Waffen der Gerechtigkeit zur Rechten und zur Linken; bei Ehre und Schmach, bei Lästerung und Lob; als Verführer verschrien und doch wahrhaft, unerkannt und doch wohlbekannt; dem Tod geweiht und doch leben wir; mit Ruten gezüchtigt und doch nicht tot; betrübt, doch immer fröhlich; arm und doch vielen schenkend – Habenichtse, die doch alles besitzen.

42. – 2 Kor 8,9: Ihr kennt ja die Liebesgabe Jesu Christi, unseres Herrn: wie er, der Reiche, um euretwillen sich arm gemacht hat, damit ihr durch seine Armut reich würdet.

43. – 2 Kor 9,6: Wer spärlich aussät, wird auch nur spärlich ernten, und wer Segen in Fülle aussät, wird auch des Segens Fülle ernten.

44. – 2 Kor 11,2: Ich habe euch einem Manne verlobt, um euch Christus als reine Braut zuzuführen.

45. – 2 Kor 12,9: Meine Gnade genügt dir: Die Kraft vollendet sich in der Schwachheit.

46. – 2 Kor 12,10: *Gern bin ich um Christi willen in Schwachheiten, in Schmähungen, Nöten, Verfolgungen, Bedrängnissen; denn wenn ich schwach bin, dann bin ich stark.*

47. – Gal 1,10: Wollte ich noch Menschen gefallen, so wäre ich nicht Christi Knecht.

48. – Gal 2,20: *Ich lebe – nein, nicht mehr ich, sondern Christus lebt in mir.*

49. – Gal 3,28: Da gilt nicht mehr Jude oder Grieche, nicht mehr Sklave oder Freier, nicht mehr Mann oder Frau; denn ihr alle seid einer in Christus Jesus.

50. – Gal 4,19: Meine Kinder, abermals leide ich Geburtswehen um euch, bis Christus in euch Gestalt gewonnen hat.

51. – Gal 5,22–23: Die Frucht des Geistes hingegen ist: Liebe, Freude, Friede, Geduld, Freundlichkeit, Güte, Treue, Milde, Keuschheit.

52. – Gal 5,24: Die Christus Jesus angehören, haben ihr selbstsüchtiges Wesen mit seinen Leidenschaften und Begierden gekreuzigt.

53. – Gal 6,14: Mir sei es ferne, mich anders zu rühmen als im Kreuze unseres Herrn Jesus Christus. Durch ihn ist mir die Welt gekreuzigt, und ich bin es für die Welt.

54. – Eph 3,14–19: Deshalb beuge ich meine Knie vor dem Vater unseres Herrn Jesus Christus ... Er möge euch verleihen nach dem Reichtum seiner Herrlichkeit, daß ihr durch seinen Geist an Kraft erstarket am inneren Menschen, daß Christus durch den Glauben in euren Herzen wohne. Möget ihr, in der Liebe festgewurzelt und gegründet, fähig werden, mit allen Geheiligten zu begreifen, was es ist um die Breite und Länge, die Höhe und Tiefe der Liebe Christi, und sie zu erkennen, die erhaben ist über alle Erkenntnis, damit ihr die ganze Gottesfülle mit ihrem Reichtum in euch erfahret.

55. – Eph 5,1–2: *So strebet denn Gott nachzuahmen* in dem Bewußtsein, daß ihr geliebte Kinder seid, und wandelt in der Liebe – wie auch Christus euch geliebt hat.

56. – Eph 5,9: Des Lichtes Frucht besteht in lauter Güte, Gerechtigkeit und Wahrheit.

57. – Phil 1,21: Denn Leben ist für mich Christus und Sterben Gewinn.

58. – Phil 3,8: *Ja, wirklich alles erachte ich als Verlust, gemessen am Größeren: an der Erkenntnis Christi Jesu, meines Herrn, um dessentwillen mir alles zum Verlust wurde; und für wertlos erachte ich es, um Christus zu gewinnen.*

59. – Phil 3,20: *Unsere Heimstatt ist im Himmel.*

60. – Phil 4,4: *Freuet euch im Herrn allezeit, wiederum sage ich: Freuet euch!*

61. – Phil 4,13: *Alles vermag ich in dem, der mich stark macht.*

62. – Kol 1,24: Ich ergänze in meinem irdischen Leben, was an den Leiden Christi noch aussteht.

63. – Kol 3,1–2: Suchet, was oben ist, wo Christus zur Rechten des Vaters thront! Daran denket, nicht an das Irdische!

64. – Kol 3,3: Denn ihr seid gestorben, und euer Leben ist mit Christus in Gott verborgen.

65. – Kol 3,14: Und über all dem ziehet die Liebe an, das Band zur Vollendung.

66. – 1 Thess 5,16–18: Seid allezeit fröhlich! Betet ohne Unterlaß! Bei allem danket!

67. – 2 Thess 3,15: Aber nicht als Feind sollt ihr ihn ansehen, vielmehr sollt ihr ihn wie einen Bruder zur Einsicht bringen.

68. – 2 Thess 3,18: *Die Gnade unseres Herrn Jesus Christus sei mit euch allen.*

69. – 1 Tim 1,5: Das Ziel der Verkündigung ist Liebe aus reinem Herzen, gutem Gewissen und ungeheucheltem Glauben.

60. – 1 Tim 2,1–6: Fürs erste geht meine Mahnung dahin, es sollen Gebete, Fürbitten und Danksagungen für alle Menschen verrichtet werden, für Könige und alle, die in verantwortlichen Stellungen sind, damit wir ein stilles, ruhiges Leben führen mögen, in Frömmigkeit und edlem Anstand, wie es gut und wohlgefällig vor Gott, unserem Retter, ist. *Er will, daß alle Menschen gerettet werden* und zur Erkenntnis der Wahrheit gelangen. Denn es ist ein Gott und ein Mittler zwischen Gott und den Menschen: Christus Jesus, der Mensch, *der sich selbst zum Lösegeld für alle dahingegeben hat.*

71. – 1 Tim 4,13: Widme dich der biblischen Vorlesung, der Verkündigung und Lehre!

72. – 1 Tim 5,1–2: Einen älteren Mann sollst du nicht schelten, sondern ihm zusprechen wie einem Vater; zu jüngeren sprich wie zu Brüdern, zu älteren Frauen wie zu Müttern, zu jüngeren Frauen wie zu Schwestern in vollkommener Reinheit.

73. – 1 Tim 6,8–11: Haben wir, was wir zur Nahrung und Kleidung bedürfen, so wollen wir damit zufrieden sein ... denn die Wurzel aller Übel ist die Geldgier ... *So fliehe, Mann Gottes, vor solchen Dingen!* Strebe nach Gerechtigkeit, Frömmigkeit, Glaube, Liebe, Geduld, Milde!

74. – 1 Tim 6,17–19: Die Reichen in dieser Welt mahne ein-

dringlich, sie mögen nicht hoch hinaus wollen und ihre Hoffnung nicht auf etwas so Ungewisses setzen, wie es der Reichtum ist, sondern auf Gott, der uns alles in reichem Maße zu genießen gibt; sie mögen Gutes tun, reich werden an guten Werken und gern von dem Ihren mitteilen, um es anderen zugute kommen zu lassen, und sich Schätze sammeln, eine gute Grundlage für die Zukunft, damit sie das wahre Leben erlangen.

75. – 2 Tim 1,7–8: *Denn Gott hat uns nicht einen zaghaften Geist gegeben, sondern einen Geist der Kraft, der Liebe und des besonnenen Ernstes. Darum schäme dich nicht des Zeugnisses für unseren Herrn, noch meiner, seines Gefangenen! Nein, trage mit mir die Beschwerden für die Verkündigung der Frohbotschaft in der Kraft Gottes.*

76. – 2 Tim 2,3–4: *Als ein guter Streiter Christi Jesu trage mit mir die Beschwerden! Keiner, der im Felde steht, verwickelt sich in das gewöhnliche Treiben des Lebens.*

77. – 2 Tim 2,10–12: *Deshalb erdulde ich alles um der Auserwählten willen, damit auch sie durch Christus Jesus das Heil und die ewige Herrlichkeit erlangen.* Zuverlässig ist das Wort: Wenn wir mit ihm gestorben sind, werden wir auch mit ihm leben; *wenn wir ausharren, werden wir auch mit ihm herrschen.* Wenn wir hingegen ihn verleugnen, wird er auch uns verleugnen.

78. – 2 Tim 2,14: Daran erinnere sie und beschwöre sie vor Gott, sich nicht auf Wortstreit einzulassen, der keinen Nutzen bringt und den Zuhörern nur zum Verderben gereicht.

79. – 2 Tim 2,24–26: Ein Diener des Herrn aber darf nicht streiten; er soll vielmehr gütig gegenüber allen, zu guter Lehre fähig, geduldig in Widrigkeiten sein und die Störrischen mit Sanftmut zurechtzubringen suchen; vielleicht gibt Gott ihnen dann Umkehr, daß sie die Wahrheit erkennen und wieder zur Besinnung kommen, befreit aus der Schlinge des Teufels, in die sie sich ihm zu Gefallen von ihm verstricken ließen.

80. – 2 Tim 3,12: *Werden doch alle, die in Christus Jesus nach*

dem Willen Gottes leben wollen, Verfolgungen zu bestehen haben.

81. – 2 Tim 3,16–17: Jede Schrift aus Gottes Geist dient zur Belehrung, zum Erweis der Wahrheit, zur sittlichen Besserung und zur Erziehung in der Gerechtigkeit, damit der Mensch Gottes in gehörigem Stande sei, gerüstet zu jeder guten Tat.

82. – 2 Tim 4,2: Verkünde das Wort, tritt auf, sei es gelegen oder ungelegen, stelle zur Rede, tadle, tröste – und mit Belehrung verbinde vollkommene Langmut!

83. – 2 Tim 4,5: Du aber sei besonnen in allem, halte aus in Ungemach, tue das Werk eines Verkünders der Frohbotschaft und gib dich ganz deinem Dienste hin!

84. – Tit 2,11–13: Erschienen ist ja die Gnade Gottes, die allen Menschen Rettung bringen will, indem sie uns anleitet, das Gottwidrige, die Begierden der Welt zu verleugnen, um dieses zeitliche Leben in edler Selbstzucht, gerecht und gottesfürchtig zu leben, in Erwartung der seligen Hoffnung.

85. – Hebr 5,4: Auch nahm sich keiner selbst die Würde, sondern ward wie Aaron von Gott berufen.

86. – Hebr 11,6: Ohne Glauben aber ist es unmöglich, Gott zu gefallen; denn glauben muß, wer zu Gott kommen will, daß er ist und die belohnt, die ihn ernstlich suchen.

87. – Hebr 12,3–4: Denket daran, welch heftigen Widerstand von seiten der Sünder er auf sich nahm, daß ihr nicht ermüdet und nicht im Herzen erschlafft! *Noch habt ihr im Kampfe wider die Sünde nicht bis aufs Blut widerstanden.*

88. – Röm 8,28: *Denen, die Gott lieben, gereicht alles zum Guten.*

89. – Jak 1,2: Nehmt es als Anlaß zu lauter Freude, meine Brüder, wenn ihr mancherlei Anfechtungen ausgesetzt seid.

90. – Jak 1,5: *Wenn es einem von euch an Weisheit fehlt, so bete er darum zu Gott, der allen gerne gibt ... und es wird ihm gegeben werden.*

91. – Jak 1,12: Selig der Mann, der in der Versuchung standhält!

92. – Jak 2,1: Lebt den Glauben an unseren verherrlichten Herrn Jesus Christus nicht in Abhängigkeit von bestimmten Personen!

93. – Jak 2,8–9: Wahrlich, ihr tut gut daran, wenn ihr gemäß der Schrift das königliche Gesetz erfüllt: *Du sollst deinen Nächsten lieben wie dich selbst – wenn ihr hingegen parteiisch handelt, so sündigt ihr und werdet vom Gesetz als Übertreter erwiesen.*

94. – Jak 4,4: Freundschaft mit der Welt bedeutet Feindschaft mit Gott; wer sich mit der Welt gut stellen will, wird eben dadurch Gottes Feind.

95. – Jak 4,8: Kommt näher zu Gott, und er wird euch näherkommen.

96. – Jak 5,20: Wer einen Sünder von seinem Irrweg heimführt, rettet seine Seele vor dem Tod und deckt eine Menge von Sünden zu.

97. – 1 Petr 2,21: Christus hat gelitten; er tat es für euch, um euch ein Beispiel zu hinterlassen, damit ihr seinen Fußstapfen folgt.

98. – 2 Petr 1,5–7: So bietet denn dafür euren ganzen Eifer auf und setzt im Glauben euren *sittlichen Willen* und damit die *Erkenntnis* ein, mit der Erkenntnis die *Selbstbeherrschung* und damit die *Geduld,* mit der Geduld die *Gottesfurcht* und damit die *Bruderliebe,* und mit der Bruderliebe die *heilige Liebe* überhaupt.

99. – 1 Joh 2,5: Wer aber sein Wort hält, ja wirklich, in dem ist die Liebe Gottes vollkommen.

100. – 1 Joh 2,6: *Wer sagt, er sei immer in ihm, muß auch so wandeln, wie er gewandelt ist.*

101. – 1 Joh 2,15–16: Liebet nicht die Welt, noch was in der Welt ist: Wenn jemand die Welt liebt, so ist die Liebe zum Vater nicht in ihm. Denn alles, was in der Welt ist, ist Sinnenlust, Augenlust und Hoffart des Lebens.

102. – 1 Joh 3,2: Wir werden ihm ähnlich sein; denn wir werden ihn sehen, wie er ist.

103. – 1 Joh 3,14: Wer nicht liebt, verweilt im Tode.

104. – 1 Joh 3,16: Daran haben wir die Liebe erkannt, daß er für uns sein Leben eingesetzt hat – auch wir sind es schuldig, für die Brüder das Leben einzusetzen.

105. – 1 Joh 3,17: *Wenn jemand hat, was er zum irdischen Leben braucht, und seinen Bruder daran Mangel leiden sieht, und er verschließt sein Herz vor ihm – wie kann die Liebe Gottes in ihm Bestand haben?*

106. – 1 Joh 4,7–8: Wer liebt, ist aus Gott geboren und erkennt Gott. Wer nicht liebt, hat Gott nicht erkannt.

107. – 1 Joh 4,8: *Gott ist Liebe.*

108. – 1 Joh 4,9–11: Darin hat sich die Liebe Gottes an uns erwiesen, daß Gott seinen Einzigen Sohn in die Welt gesandt hat, damit wir durch ihn leben ... Meine Lieben, wenn Gott uns so geliebt hat, so sind auch wir es schuldig, einander zu lieben.

109. – 1 Joh 4,12–13: *Wenn wir einander lieben, so bleibt Gott in uns, und die Liebe zu ihm ist in uns vollkommen. Daran erkennen wir, daß wir in ihm bleiben und er in uns bleibt, weil er uns von seinem Geist gegeben hat.*

110. – 1 Joh 4,16: *Wir haben die Liebe erkannt, die Gott zu uns hat, und vertrauen auf sie. Gott ist Liebe; und wer in der Liebe bleibt, bleibt in Gott, und Gott bleibt in ihm.*

111. – 1 Joh 4,19: *Wir* lieben ihn, weil er uns zuerst geliebt hat.

112. – 1 Joh 4,20–21: Wenn jemand sagt: Ich liebe Gott, und seinen Bruder haßt, so ist er ein Lügner; denn wer seinen Bruder nicht liebt, den er gesehen hat, kann Gott nicht lieben, den er nicht gesehen hat. Und wir haben dieses Gebot von ihm: Wer Gott liebt, liebt auch seinen Bruder.

113. – 1 Joh 5,3: Denn die Liebe zu Gott besteht darin, daß wir seine Gebote halten.

114. – 1 Joh 5,12: Wer den Sohn hat, hat das Leben; wer den Sohn nicht hat, hat auch das Leben nicht.

115. – Offb 2,4–5: Aber ich habe etwas gegen dich: Du hast deine erste Liebe verlassen. Bedenke, von welcher Höhe du gefallen bist! Kehre um und tue deine ersten Werke wieder!

116. – Offb 3,1–2: Du hast den Namen, daß du lebst, bist aber tot ... denn ich habe deine Werke nicht für vollwertig vor meinem Gott befunden.

117. – Offb 3,15–16: Du bist weder kalt noch warm. So will ich dich, weil du lau, weder kalt noch warm bist, ausspeien aus meinem Munde.

118. – Offb 3,20: Siehe, ich stehe vor der Tür und klopfe. Wenn jemand meine Stimme hört und die Tür öffnet, werde ich bei ihm eintreten und Mahl mit ihm halten, und er mit mir.

119. – Offb 4,8–11; 5,12–13; 7,10–12; 19,1.3–4: Heilig, heilig, heilig ist der Herr, Gott der Allherrscher, der war und der ist und der kommt ... Würdig bis du, unser Herr und Gott, zu empfangen den Lobpreis, die Ehre und die Macht ... Würdig ist das Lamm, das geschlachtet ward, zu empfangen die Macht, Fülle, Weisheit und Kraft, Ehre, Herrlichkeit und Lobpreis ... Ihm, der auf dem Throne sitzt, und dem Lamme ist der Lobpreis und die Ehre, die Herrlichkeit und die Macht in alle Ewigkeit ... Heil unserem Gott, der auf dem Throne sitzt, und dem Lamme ... Der Lobpreis und die Herrlichkeit, die Weisheit und die Danksagung, die Ehre, Macht und Stärke gebühren unserem Gott in alle Ewigkeit. Amen ... Alleluja. Das Heil, die Herrlichkeit und die Macht gehört unserem Gott ... Alleluja ... Ja, so ist es, Alleluja ...

120. – Offb 22,13: *Ich bin das A und das O, der Erste und der Letzte, der Anfang und das Ende.*

121. – Offb 22,16: *Ich bin der strahlende Morgenstern.*

Das Hohelied

1. – 1,2: Mit Küssen seines Mundes bedecke er mich!
2. – 1,2: Süßer als Wein ist deine Liebe!
3. – 1,3: Darum lieben dich die Mädchen.
4. – 1,4: Zieh mich her hinter dir! Laß uns eilen!
5. – 1,4: Dich liebt man zu Recht.
6. – 1,5: Braun bin ich, doch schön.

7. – 1,6: Meiner Mutter Söhne waren mir böse,
ließen mich Weinberge hüten;
den eigenen Weinberg habe ich nicht gehütet.
8. – 1,6: Den eigenen Weinberg habe ich nicht gehütet.
9. – 1,7: Du, den meine Seele liebt,
sag mir: Wo weidest du die Herde?
Wo lagerst du am Mittag?
Wozu soll ich erst umherirren
bei den Herden deiner Gefährten?
10. – 1,8: Wenn du das nicht weißt,
du schönste der Frauen,
dann folge den Spuren der Schafe,
dann weide deine Zicklein
dort, wo die Hirten lagern!
11. – 1,13: Mein Geliebter ruht wie ein Beutel mit Myrrhe an
meiner Brust.
12. – 2,3: In seinem Schatten begehre ich zu sitzen.
13. – 2,4: Sein Zeichen über mir heißt Liebe.
14. – 2,5: Stärkt mich mit Traubenkuchen,
erquickt mich mit Äpfeln,
denn ich bin krank vor Liebe!
15. – 2,6: Seine Linke liegt unter meinem Kopf,
seine Rechte umfängt mich.
16. – 2,7: Bei den Gazellen und Hirschen auf der Flur
beschwöre ich euch, Jerusalems Töchter:
Stört die Liebe nicht auf,
weckt sie nicht,
bis es ihr gefällt!
17. – 2,16: Der Geliebte ist mein,
und ich bin sein.
18. – 3,1: Des Nachts auf meinem Lager suchte ich ihn,
den meine Seele liebt.
Ich suchte ihn und fand ihn nicht.
19. – 3,2: Aufstehen will ich, die Stadt durchstreifen,
die Gassen und Plätze,
ihn suchen, den meine Seele liebt.

Ich suchte ihn und fand ihn nicht.

20. – 3,5: Bei den Gazellen und Hirschen der Flur
beschwöre ich euch, Jerusalems Töchter:
stört die Liebe nicht auf,
weckt sie nicht,
bis es ihr selbst gefällt.

21. – 3,11: *Ihr Töchter Jerusalems, kommt heraus,*
und schaut, ihr Töchter Zions,
König Salomo mit der Krone.
Damit hat ihn seine Mutter gekrönt
am Tag seiner Hochzeit,
an dem Tag seiner Herzensfreude.

22. – 4,6: Wenn der Tag verweht und die Schatten wachsen,
will ich zum Myrrhenberg gehen,
zum Weihrauchhügel.

23. – 4,9: Verzaubert hast du mich,
meine Schwester Braut; ja, verzaubert
mit einem Blick deiner Augen,
mit einer Perle deiner Halskette.

24. – 4,10: Wie schön ist deine Liebe;
wieviel süßer ist deine Liebe als Wein.

25. – 4,10: Der Duft deiner Salben ist köstlicher
als alle Balsamdüfte!

26. – 4,16: Nordwind, erwache! Südwind, herbei!
Durchweht meinen Garten,
laßt strömen die Balsamdüfte!

27. – 4,16: Mein Geliebter komme in seinen Garten
und esse von den köstlichen Früchten!

28. – 5,1: Freunde, eßt und trinkt,
berauscht euch an der Liebe!

29. – 5,2: Ich schlief, doch mein Herz war wach.

30. – 5,2: Horch, mein Geliebter klopft:

31. – 5,2: Mein Kopf ist voll Tau,
aus meinen Locken tropft die Nacht.

32. – 5,6: Ich war entseelt: Er war weg.

33. – 6,3: Meinem Geliebten gehöre ich,

und mir gehört der Geliebte.
34. – 6,12: Ich weiß nicht wie.
36. – 7,1: Wende dich, wende dich, Schulammit!
Wende dich, wende dich,
damit wir dich betrachten.
36. – 7,11: Ich gehöre meinem Geliebten,
und ihn verlangt nach mir.
37. – 8,3: Seine Linke liegt unter meinem Kopf,
seine Rechte umfängt mich.
38. – 8,4: Ich beschwöre euch, Jerusalems Töchter,
was stört ihr die Liebe auf,
warum weckt ihr sie,
ehe es ihr selbst gefällt?
39. – 8,6: Leg mich wie ein Siegel auf dein Herz,
wie ein Siegel an deinen Arm!
40. – 8,6: *Stark wie der Tod ist die Liebe,*
die Leidenschaft ist hart wie die Unterwelt.
41. – 8,7: *Auch mächtige Wasser*
können die Liebe nicht löschen;
auch Ströme schwemmt sie nicht weg.
Böte einer für die Liebe
den ganzen Reichtum seines Hauses,
nur verachten würde man ihn.
42. – 8,14: Fort, fort, mein Geliebter,
der Gazelle gleich, dem jungen Hirsch
auf den Balsambergen!

Die Evangelien[3]

1. *Matthäus*

– Alles, wovon ihr möchtet, daß es euch die Menschen tun,
sollt auch ihr ihnen tun.[4]

– Beschafft euch nicht Gold noch Silber ... weder eine Tasche auf den Weg noch zwei Röcke.[5]
– Wie Schafe mitten unter Wölfe.[6]
– Sie werden euch dem Tod überliefern ... Fürchtet euch nicht vor ihnen ... Zu jedem, der mich vor den Menschen bekennt, will auch ich mich bekennen.[7]
– *Das Verlorene retten.*[8]
– Dienen und sein Leben geben.[9]
– Was ihr auch nur einem von meinen geringsten Brüdern getan habt, habt ihr mir getan ... Was ihr auch nur einem von den Geringsten nicht getan habt, habt ihr mir nicht getan.[10]
– *Werbet Jünger für mich bei allen Völkern,* indem ihr sie taufet ... Lehret sie alles halten, was ich euch geboten habe.[11]

2. *Markus*

– *Nicht die Gesunden bedürfen des Arztes, sondern die Kranken.* Ich bin nicht gekommen, Gerechte zu retten, sondern Sünder.[12]
– Mit dem Maße, mit dem ihr meßt, wird auch euch gemessen.[13]
– (Er gab ihnen Weisung, sie sollten nichts mitnehmen ...) weder Brot noch Reisetasche, noch Geld im Gürtel. In Sandalen dürften sie gehen, aber nicht zwei Röcke tragen.[14]
– Sie riefen zur Umkehr auf ... und heilten viele Kranke.[15]
– *Ihn ergriff das Mitleid mit ihnen; waren sie doch wie Schafe, die keinen Hirten haben.*[16]
– Um zu dienen und sein Leben zu geben.[17]
– *Gehet hin in alle Welt* und verkündet *aller Schöpfung* die Frohe Botschaft![18]

– Siehe, ich bin die Magd des Herrn.[19]
– Maria machte sich auf, und in freudiger Eile zog sie ins Bergland hinauf.[20]
– *Es erhielt den Namen Jesus.*[21]
– Um denen zu leuchten, welche in Finsternis sitzen und Todesschatten.[22]
– Um den Gefangenen Befreiung zu künden, den Blinden neues Augenlicht.[23]
– *Nicht die Gerechten bedürfen des Arztes, sondern die Kranken.*[24]
– Wie ihr wollt, daß euch die anderen tun, so tut auch ihnen.[25]
– Weder Tasche, noch Brot, noch Geld! Auch sollt ihr nicht zwei Röcke besitzen.[26]
– Wie Lämmer mitten unter die Wölfe.[27]
– Eines nur ist nötig.[28]
– Selbst die Haare eures Hauptes sind alle gezählt ... Fürchtet euch nicht ... Jeder, der sich zu mir vor den Menschen bekennt, zu dem wird sich auch des Menschen Sohn bekennen.[29]
– *Feuer auf die Erde zu werfen bin ich gekommen, und wie wünschte ich, daß es schon brenne.*[30]
– Keiner von euch kann mein Jünger sein, der sich nicht von allem löst, was er besitzt.[31]
– Wer von euch *läßt nicht die neunundneunzig in der Einöde und geht dem verlorenen nach, bis er es findet?*[32]– *Um das Verlorene zu suchen und zu retten.*[33]
– Allen Völkern Umkehr zur Vergebung der Sünden verkünden.[34]
– Vater, in deine Hände befehle ich meinen Geist.[35]

4. Johannes

– Wenn ihr das Fleisch des Menschensohnes nicht esset und das Blut nicht trinket, so habt ihr das Leben nicht in euch.[36]

– *Ich bin der gute Hirt.* Der gute Hirt gibt sein Leben für die Schafe.[37]

– Noch andere Schafe habe ich, die nicht aus dieser Herde sind; auch die muß ich führen.[38]

– Einmal von der Erde erhöht, werde ich alle an mich ziehen.[39]

– Ich bin der Weg, die Wahrheit und das Leben; niemand kommt zum Vater als durch mich.[40]

– Wenn ihr in mir bleibt und meine Worte in euch bleiben, so bittet, um was ihr wollt, und es wird euch geschehen.[41]

– Das ist mein Gebot, daß ihr einander liebt, wie ich euch geliebt habe. Eine größere Liebe hat niemand, als wer sein Leben hingibt für seine Freunde.[42]

– Daß alle eins seien ... daß auch sie in uns eins seien.[43]

– Damit sie eins seien wie wir.[44]

– Frau, siehe, dein Sohn! – Siehe, deine Mutter![45]

– Einer von den Soldaten stieß ihm die Lanze in die Seite.[46]

– Wie mich der Vater gesandt hat, so sende ich euch.[47]

– Folge mir nach.[48]

DIE WAHL BEI DEN EXERZITIEN ZUR PRIESTERWEIHE[49]

In manus tuas commendo
spiritum meum[50]

I. Teil

– Vater, in deine Hände befehle ich meinen Geist.[41]
– Folge mir nach.[52]
– Jesus.[53]
– Feuer auf die Erde zu werfen bin ich gekommen.[54]
– Um das Verlorene zu retten.[55]
– Um denen zu leuchten, welche in Finsternis sitzen und Todesschatten.[56]
– Um Gefangenen Befreiung zu künden, den Blinden neues Augenlicht.[57]
– Ich bin der gute Hirt.[58]
– Wer von euch läßt nicht die neunundneunzig in der Einöde und geht dem verlorenen nach?[59]
– Nicht die Gesunden bedürfen des Arztes, sondern die Kranken.[60]
– Ihn ergriff das Mitleid mit ihnen; waren sie doch wie Schafe, die keinen Hirten haben.[61]
– Noch andere Schafe habe ich, die nicht aus dieser Hürde sind; auch die muß ich führen.[62]
– Damit sie eins seien, so wie wir eins sind.[63]
– Daß alle eins seien, daß auch sie in uns eins seien.[64]
– Gehet hin in alle Welt und verkündet aller Schöpfung die Frohe Botschaft![65]
– Werbet Jünger für mich bei allen Völkern, indem ihr sie tauft ... und lehret sie alles halten, was ich euch geboten habe.[66]

– Ich bin der Weg, die Wahrheit und das Leben; niemand kommt zum Vater als durch mich.[67]

– Wenn ihr das Fleisch des Menschensohnes nicht esset ..., so habt ihr das Leben nicht in euch.[68]

– (Einer von den Soldaten) stieß ihm die Lanze in die Seite.[69]

– Siehe, deine Mutter![70]

– Wie mich der Vater gesandt hat, so sende ich euch.[71]

– Um zu dienen und sein Leben zu geben.[72]

– Der gute Hirt gibt sein Leben hin für die Schafe.[73]

– Ich sende euch wie Schafe mitten unter Wölfe.[74]

– Weder Gold, noch Geld, weder eine Tasche, noch zwei Röcke.[75]

– Keiner von euch kann mein Jünger sein, der sich nicht von allem löst, was er besitzt.[76]

– Sie werden euch dem Tod überliefern ... Fürchtet euch nicht ... Zu jedem, der mich vor den Menschen bekennt, will auch ich mich bekennen.[77]

– Wie ihr wollt, daß euch die anderen tun, so tut auch ihnen![78]

– Was ihr auch nur einem von meinen geringsten Brüdern getan habt, habt ihr mir getan.[79]

– Das ist mein Gebot, daß ihr einander liebt, wie ich euch geliebt habe. Eine größere Liebe hat niemand, als wer sein Leben hingibt für seine Freunde.[80]

II. Teil

Ignem mittere in terram ...
salvare quod perierat.[81]

Quis (Wer?) Jener, der Jesus nachfolgen, ihn nachahmen soll, den *Erlöser,* den *guten Hirten,* der gekommen ist, „Feuer auf die Erde zu werfen" und „zu retten, was verloren war"[82].

Quid? (Was?) Die Gründung der Kleinen Brüder vom Heiligsten Herzen Jesu (gemäß der Wahl bei den Exerzitien zur Diakonatsweihe).

Ubi? (Wo?) Dort, wo es am vollkommensten ist. Nicht dort, wo man *nach menschlichem Ermessen* die besten Aussichten hat, Novizen zu bekommen, kirchliche Erlaubnisse, Geld, Ländereien oder Unterstützungen; *nein,* sondern *dort, wo es an sich am vollkommensten ist,* am vollkommensten nach den Worten Jesu, am meisten in Übereinstimmung mit der Vollkommenheit des Evangeliums, mit der Eingebung des Heiligen Geistes, *dort, wohin Jesus ginge:* zum ,,verirrten Schaf'' zum ,,am schwersten erkrankten Bruder'' Jesu, zu den Verlassensten, zu denen, die am wenigsten Hirten haben, zu denen, die in der dichtesten ,,Finsternis'', im tiefsten ,,Todesschatten'' sitzen, zu denen, über die der Teufel am meisten Gewalt hat, zu den ,,Blindesten'', zu den ,,Verlorensten.'' Zuerst zu den Ungläubigen (Moslems und Heiden) in Marokko[83] und den angrenzenden Ländern Nordafrikas.

Quibus auxiliis? (Mit welchen Mitteln?) Jesus allein. Denn: ,,Suchet das Reich Gottes und seine Gerechtigkeit, dies alles wird euch dazugegeben werden''[84]. Und: ,,Wenn ihr in mir bleibt und wenn meine Worte in euch bleiben, so bittet, um was ihr wollt, und es wird euch geschehen''[85]. Jesus hat seinen Aposteln keine anderen Hilfen gegeben. Wenn ich ihre Werke tue, werde ich auch ihre Gnaden erhalten.

Cur? (Warum?) So kann ich Jesus am besten verherrlichen, ihn am meisten lieben, ihm gehorchen, ihm nachfolgen ... Dazu drängen mich das Evangelium, meine Neigung, mein geistlicher Führer ... Das fordern von mir die Liebe zu Gott (sein Wohl, seine Ehre) und die Liebe zum Nächsten (sein Wohl, ... die Rettung der Verlorensten, die Not der Bedürftigsten) ... um Jesus, um sein Heiligstes Herz, um die Jungfrau Maria den Brüdern Jesu bekannt zu machen, die sie nicht kennen; um mit der heiligen Eucharistie Brüder Jesu zu nähren, die dieses Brot noch niemals empfangen haben; um Brüder Jesu zu taufen, die noch Sklaven des Teufels sind; um

Brüdern Jesu, die niemals davon gehört haben, das Evangelium, die Lebensgeschichte Jesu, die evangelischen Tugenden, die Liebe und Güte der Kirche nahezubringen.

Quomodo? (Auf welche Weise?) ,,Wie Schafe mitten unter Wölfe.''[86] ,,Weder Silber, noch Vorratstasche, noch zwei Röcke.''[87] ,,Keiner von euch kann mein Jünger sein, der sich nicht von allem löst, was er besitzt.''[88]

Quando? (Wann?) ,,Maria machte sich *eilends* auf''[89]: Wenn man von Jesus erfüllt ist, ist man von Liebe erfüllt ... Also: sobald ich vernünftig vorbereitet bin und mein geistlicher Führer mir unter der Einwirkung des Heiligen Geistes sagt: ,,Gehen Sie.''

Bemerkungen zu der vorhergehenden Wahl:

1. – Jesus, die Liebe, das Herz Jesu möchte, daß ich ohne Verzögerung aufbreche, ,,*cum festinatione*'', sobald: 1.) ich bereit sein werde; 2.) der Heilige Geist mich drängen wird; 3.) mein geistlicher Führer mich schicken wird. Daraus ergibt sich, daß es meine Pflicht ist, mich ,,cum festinatione'' vorzubereiten, so daß von diesen drei Bedingungen jene, die von mir abhängt, *sobald wie möglich* erfüllt ist.

2. – Worin besteht die Vorbereitung? Darin, in der *Liebe,* in der *Erkenntnis* und in der *inneren Reife* zu wachsen. (1. Um die *Liebe* zu mehren: treue Beachtung meiner Regel; in allem das Vollkommenste tun, Vervollkommnung im alltäglichen Handeln; vor allem: Gebet, Demut, Nächstenliebe. 2. Um die *Erkenntnis* zu mehren: die ganze Zeit, die nicht von den Übungen der Regel, der Nächstenliebe oder anderen unaufschiebbaren Aufgaben beansprucht wird, dem Studium widmen. 3. Um eine größere *Reife* zu erreichen: Die Reife erhält man direkt von Gott, oder sie kommt auf natürliche Weise als Folge der Erkenntnis und vor allem der Liebe.)

3. – Gibt es darüber hinaus eine äußere Vorbereitung, das heißt äußere Schritte, die unternommen werden müssen?

Drei Dinge sind jetzt in kurzer Zeit zu tun: 1.) Ich muß mich über jene Orte in den an Marokko angrenzenden Gebieten informieren, wo es Priester gibt; 2.) ich muß Arabisch lernen (vor allem in den Schriften des Evangeliums); 3.) ich muß den Bischof von meinen Plänen unterrichten, ihn bitten, vor Jesus darüber nachzudenken und dann diesbezüglich zu tun, wovon er glaubt, daß es dem Herzen Jesu am liebsten ist. *Ich bitte um nichts:* Ich lege ihm meine Gedanken dar und habe dabei den einzigen Wunsch, daß er damit und in allem macht, was dem Herzen Jesu am besten gefällt. Darum werde ich in besonderer Weise Gott für ihn bitten in jeder heiligen Messe, die ich feiern werde, von der ersten bis zur letzten. (Wenn er glaubt, daß es Jesus lieb wäre, daß er mir in der Ausführung dieses Planes hilft, kennt er besser als ich die Möglichkeiten, es zu tun: die Erlaubnis, das Gewand der Kleinen Brüder vom Heiligsten Herzen Jesu zu tragen; mit Gefährten in seiner Diözese nach den Konstitutionen zu leben – servatis servandis (ohne dabei irgend etwas aufzugeben); Rom um die notwendigen Erlaubnisse bitten, damit ich mich in Marokko und in den angrenzenden Gebieten Nordafrikas niederlassen kann.)

Außer diesen drei Dingen gibt es keine äußere Vorbereitung, keinen Schritt, den ich im Augenblick tun sollte: Es geht keineswegs um *eine Sache,* die mit menschlichen Mitteln und *menschlichen Machenschaften zum Erfolg gebracht werden muß;* es geht um das Wehen des Heiligen Geistes, dem man folgen soll mit der Einfachheit des Herzens, mit dem Eifer und der Treue der Liebe: „Der Heilige Geist wird euch in jener Stunde lehren, was ihr zu sagen habt."[90]

4. – Wäre es nicht besser, zuerst ins Heilige Land zu gehen? *Nein.* Eine einzige Seele ist mehr wert als das ganze Heilige Land und mehr als die ganze nicht mit Vernunft begabte Schöpfung zusammen. Man soll nicht dorthin gehen, wo das *Land* am heiligsten ist, sondern wo die *Seelen* in der größten Bedrängnis sind. Im Heiligen Land gibt es Priester und Ordensleute *im Überfluß* und wenige Seelen zu gewinnen. In

Marokko und den angrenzenden Gebieten gibt es einen *extremen Mangel* an Priestern und Ordensleuten und eine sehr große Anzahl an Seelen zu retten ... Dort – das *Land*; hier – die *Seelen*; dort – eine *Fülle* von Priestern; hier – *Mangel*.

5. – Ist diese ganze Wahl nicht eine Folge und eine Versuchung der Eigenliebe und des Hochmuts? Nein. Denn ihre Wirkung wird in diesem Leben weder Trost noch Ehre sein, sondern viel Kreuz und Demütigung: ,,Entweder wirst du deshalb verachtet werden oder ich werde dadurch verherrlicht werden, auf jede Weise gewinnst du dabei"[91].

Was ist der Beweis dafür, daß diese beiden Wahlen den Willen Gottes zum Ausdruck bringen? Die beiden Worte Jesu: ,,Folge mir nach!"[92] und: ,,Wenn du ein Gastmahl zu Mittag oder zu Abend geben willst, so lade nicht deine Freunde oder deine Geschwister oder Verwandten oder reiche Nachbarn ein ... Wenn du ein Gastmahl geben willst, so lade Arme, Krüppel, Lahme und Blinde ein"[93]. [94]

Exerzitien in Beni-Abbès,
Mitte 1902

Die ersten Exerzitien nach seiner Priesterweihe hält Bruder Karl in einer völlig veränderten Umgebung: Seit Ende Oktober 1901 ist er in Beni-Abbès, inzwischen hat er auf einem Plateau oberhalb der großen Oase einen Palmengarten anzulegen begonnen und den Grundstock seiner ,,Bruderschaft" gebaut: Kapelle, Sakristei und Gastzimmer. Die Besuche von Einheimischen, Durchreisenden, Sklaven, aber auch von Soldaten der französischen Garnison überfluten ihn geradezu.

Über den Zeitpunkt der Exerzitien wissen wir nichts weiter, als daß Bruder Karl seine Vorsätze am Herz-Jesu-Fest, dem 6. Juni 1902, zusammenfaßt und verarbeitet.

Als Grundlage für die Exerzitien dient ihm der Text seiner Regel, die er für die Gründung der ,,Kleinen Brüder vom Heiligsten Herzen Jesu" schon 1899 in Nazaret entworfen und soeben in Beni-Abbès überarbeitet hat.[1] Die Kapitel beginnen jeweils mit zahlreichen Zitaten aus der Heiligen Schrift, darauf folgt deren Anwendung auf den betreffenden Bereich des täglichen Lebens. Im folgenden fügen wir zur besseren Orientierung wenigstens die Überschriften der Kapitel in [ ] bei.

VORSÄTZE BEI DEN JAHRESEXERZITIEN IN BENI-ABBÈS 1902[2]

Ignem mittere in terram ...
salvare quod perierat. [3]

1. – *Vorwort und Kapitel I* [Nachahmung unseres geliebten Herrn Jesus]
Jesus nachahmen, indem wir das Heil der Menschen so sehr zu unserem Lebenswerk machen, daß das Wort *Jesus – Erlöser* – genau das ausdrückt, was wir sind, wie es genau bezeichnet, was er ist ... Deshalb: *„Allen alles sein mit dem einzigen Wunsch im Herzen, den Menschen Jesus zu geben."*

2. – *Kapitel II* [Immerwährende Anbetung des Allerheiligsten Altarssakraments]
„Marta, Marta, du machst dir Sorge und Unruhe um viele Dinge – eins nur ist nötig. Maria hat den besten Teil erwählt, der ihr nicht wird genommen werden."[4] – Niemals versäumen, die *tägliche und die nächtliche Anbetungsstunde* zu halten; die Stunde *am Tag* ganz der stillen Anbetung widmen, die *nächtliche* Stunde zuerst der Rezitation von Matutin und Laudes, dann der stillen Anbetung.

3. – *Kapitel III* [Niederlassung der Kleinen Brüder vom Heiligsten Herzen in den nichtchristlichen Ländern]
„Was ihr auch nur einem von meinen geringsten Brüdern getan habt, habt ihr mir getan ..."[5] – *„So leuchte euer Licht vor den Menschen, damit sie eure Werke sehen und euren Vater im Himmel preisen ..."*[6] – Wenn wir die Seele eines Ungläubigen retten, heißt das – wenn man es einmal so ausdrücken darf – *Jesus vor der Hölle retten und ihm den Himmel geben,* mit Gottes Hilfe: *leidenschaftlich wünschen, Seelen zu retten; alles darauf ausrichten; alles dafür tun, das Heil der Menschen*

allem anderen vorzuziehen, dabei aber vollkommen die Regel befolgen. Alle unsere Kräfte aufbieten, um uns *vollkommen* der sieben großen Hilfsmittel zu bedienen, die Jesus uns gegeben hat, um die Ungläubigen zu bekehren und zu retten: Darbringung des *heiligen Opfers,* Verweilen vor dem Tabernakel *mit dem Allerheiligsten, Güte, Gebet, Buße, gutes Beispiel, persönliche Heiligung.* „Wie der Hirte, so das Volk" ... „Das Gute, das ein Mensch wirkt, ist eine direkte Auswirkung des Geistes, der in ihm wohnt": Die Heiligung der Menschen dieses Gebietes ist also in meinen Händen; sie werden gerettet, wenn ich ein Heiliger werde – Jesus selbst errette ich vor der Hölle und ihm öffne ich den Himmel, wenn ich ein Heiliger werde. Wenn ich lau bleibe, wird dieses Volk ungläubig bleiben und ich werde der Grund für die ewige Verlorenheit Jesu sein („Was ihr auch nur einem von meinen geringsten Brüdern getan habt, habt ihr mir getan."[7]).

Vorsatz: 1. Die *Regel in allem* vollkommen befolgen. 2. Mich von ganzem Herzen und ohne nachzulassen anstrengen, das *heilige Opfer vollkommen* darzubringen; so viel und so vollkommen wie möglich den Herrn im *Allerheiligsten Altarssakrament* anzubeten (und es dabei möglichst viel auszusetzen); zu allen *gut* zu sein, für alle zu *beten* und *Buße* zu tun; ein *gutes Beispiel* zu geben in der Weise, daß man, wenn man mich sieht, ein treues Abbild von Jesus sieht; endlich mich soviel wie möglich zu *heiligen.* 3. Mich nicht niederlegen, nicht einschlafen, ohne vorher die Matutin und die Laudes gebetet zu haben; zu den festgesetzten Zeiten läuten und das Brevier beten – außer wenn dringende Gründe der Nächstenliebe mich daran hindern; mit den Besuchern innerlicher umgehen, weniger mit ihnen sprechen, über alle beten, allen guten Rat geben; den Kranken sagen, daß sie beten und gut sein sollen; mit meiner Zeit sparsamer umgehen, als ich es bisher getan habe; mehr als bisher mit denen, die um mich sind, von Jesus sprechen; die Anbetungsstunde am Tag zu der Zeit halten, die als erste Arbeitsstunde vorgesehen ist; und die drei Stunden Intervall regelmäßig in den drei unmittelbar darauf folgenden Stunden halten (außer wenn mich ein wichtiger Grund der Nächstenliebe daran hindert).

4. – *Kapitel IV* [Gelübde]
Mein möglichstes tun, damit ich und andere mit mir möglichst bald die Gelübde der Kleinen Brüder vom Heiligsten Herzen Jesu ablegen können; dafür *vollkommen die Regel befolgen und mich soviel wie möglich heiligen.*

5. *Kapitel V* [Gehorsam]
,,Wer mir nachfolgen will, muß sich selbst aufgeben, täglich sein Kreuz auf sich nehmen und so mir folgen.''[8] – ,,Wenn uns auch wenige Punkte der Regel unter schwerer Sünde verpflichten, so verpflichten uns doch alle im Maß unserer Liebe.''
Machen wir uns auf den schmalen Pfad, suchen wir das Kreuz, um unserem gekreuzigten Bräutigam nachzufolgen, um an seinem Kreuz und seiner Dornenkrone teilzuhaben. Kreuz, Opfer: Suchen wir sie, seien wir begierig danach, wie die Weltmenschen nach Vergnügungen. ,,*Wenn wir unser Kreuz nicht annehmen, sind wir Jesu nicht würdig.*'' Treten wir ein in das *Kreuz*, in das *Opfer*, soweit es uns die Regel erlaubt ... Und vollkommener Gehorsam gegenüber der Regel, denn dort findet sich *die Nachahmung Jesu und der Gehorsam gegenüber seinen Lehren.*

6. – *Kapitel VI* [Heilige Armut]
,,*Suchet vor allem das Reich Gottes und seine Gerechtigkeit, und dies alles wird euch dazugegeben werden.*''[9] – ,,Seid nicht besorgt um das Leben, was ihr essen, noch um den Leib, was ihr anziehen sollt!''[10] *Wir sollen uns freuen – nicht darüber, etwas zu haben, sondern etwas zu entbehren; uns jedesmal, wenn uns etwas fehlt, sehr freuen.* – Sorgfältig bestrebt sein, *Bücher* oder *andere Geschenke*, die nicht mit den Vorschriften der Regel in Einklang stehen, nicht zu bekommen oder *so-*

72

fort an andere weiterzugeben. ,,Kümmere du dich um meine Angelegenheiten, ich werde die deinen besorgen!"

7. – *Kapitel VII* [Klausur]
Jeden Tag eine gewisse Zeit – geheiligte Zeit – der Verkündigung des Evangeliums an jene widmen, die zum Haus gehören, an die ständigen Gäste, an die vorübergehenden Gäste ... *,,Sie sind die ersten, denen unsere Verkündigung und unsere Wohltätigkeit gilt."* Wenn sie schlecht sind, uns noch mehr darum bemühen, sie zu retten, als wenn sie gut sind: Das ist der kranke Jesus, der – wenn ich so sagen darf (er vergebe mir) – schlechte Jesus, dessen Seele man vor der Gefahr, verlorenzugehen, retten muß ... Das ist das verlorene Schaf, das man mit besonderem Eifer suchen muß!

8. – *Kapitel VIII* [Gebet]
Für gewöhnlich meine Gebetszeit in zwei Abschnitte aufteilen: während des einen (*wenigstens* so lang wie der andere) mich der Beschauung hingeben, wenn nötig der Betrachtung; während des anderen für die Menschen beten, für alle ohne Ausnahme und für die, die mir besonders aufgetragen sind. Das Brevier mit besonderer Sorgfalt beten. Das ist der *tägliche Strauß frischer Rosen, Symbol der immer jungen Liebe,* den ich jeden Tag dem geliebten Bräutigam schenke. *Niemals einschlafen, ohne die Matutin und die Laudes gebetet zu haben;* sie nach dem Veni Creator *um Mitternacht beten,* das ist ihre Stunde. Immer die verschiedenen Tagzeiten *zur festgesetzten Stunde* beten, sie *laut* beten, außer wenn ein wichtiger Grund mich daran hindert. Jeden Tag den *heiligen Rosenkranz* ganz beten, *laut,* mit großer Treue und großer Liebe. *Wenn der Bischof*[11] *kommt, ihn bitten,* er möchte die *Kapelle weihen, damit sie nach kanonischem Recht den Titel des Heiligsten Herzens Jesu tragen kann. Das Gebet Sacro Sanctae*[12] am Ende jeder Tagzeit *laut* beten. Alle Zeit, in der sein Wille mich nicht anderswohin ruft, in der Kapelle verbringen: *Der Geliebte ist dort.* Häufig eine ganze Gebetsstunde dafür ver-

wenden, einmal das Vaterunser zu sprechen: *Das ist das Gebet Jesu.*

9. – *Kapitel IX* [Heiliges Meßopfer]
Die Sorgfalt verdoppeln, um – soweit es möglich ist – vor der Messe *eine halbe Stunde Vorbereitung* und danach *eineinhalb Stunden Danksagung* halten zu können ... Und Jesus anflehen und die heilige Jungfrau, den heiligen Josef, die heilige Magdalena, den heiligen Johannes den Täufer, alle Apostel, mich dies möglichst gut machen zu lassen.

10. – *Kapitel X* [Beichte und Kommunion der Brüder]
Sehr, sehr oft die *Geistliche Kommunion* halten und dabei keine andere Grenze und kein Maß kennen als meine Liebe, die hundert- und tausendmal am Tag den geliebten Erlöser in meine Seele ruft. Unter den Gläubigen möglichst viel für die Sühnekommunion werben, gleichzeitig auch für die Bruderschaft vom Heiligsten Herzen und die Andachtsübungen, die sie empfiehlt.

11. – *Kapitel XI* [Geistliche Führung der Brüder]
,,Wer euch hört, hört mich ...``[13] – ,,Wer sich klein macht wie dieses Kind, der ist der Größte im Himmelreich ...``[14] In jeder wichtigen Angelegenheit *soweit möglich* nach der Meinung des Seelenführers fragen, im Zweifelsfall immer den Gehorsam vorziehen ... *Soweit möglich den Gehorsam üben,* nicht nur um sicher zu sein, daß ich den Willen Gottes erfülle, sondern auch um *Jesus nachzuahmen,* ,,der in Nazaret gehorsam war``; um *Jesus zu gehorchen,* der uns empfiehlt, ,,klein zu werden wie ein Kind``; um *Jesus im Himmel auf ewig möglichst innig zu lieben,* indem wir dort den besten Platz erhalten, der *für jene reserviert ist, die durch ihren Gehorsam gegenüber anderen Menschen und durch die Demut, die dieser Gehorsam erfordert, zu den Geringsten unter allen geworden sind.*

12. – *Kapitel XII* [Erklärung des heiligen Evangeliums, Katechismus, Jahresexerzitien]

Niemals meine persönliche Betrachtung des heiligen Evangeliums auslassen, meine persönliche Lesung des heiligen Evangeliums, der Heiligen Schrift, der Regel ..."*Das ist die Nahrung*" Wenn ich beauftragt bin, den Brüdern das heilige Evangelium zu erklären, diese Erklärung vorbereiten und sie immer auf die Liebe abzielen lassen, auf *die Kontemplation* und *die Nachahmung Jesu* und auf *den Gehorsam* gegenüber seinen Lehren.

13. – *Kapitel XIII* [Andachts- und Bußübungen der Gemeinschaft und der einzelnen]

"Diese Art Dämon kann nur durch Gebet und Fasten ausgetrieben werden."[15] – "Des Menschen Sohn ist nicht gekommen, sich bedienen zu lassen, sondern zu dienen ..."[16] – "So vermochtet ihr nicht eine Stunde mit mir zu wachen?"[17] – "Wenn das Salz schal wird, taugt es nichts mehr; man wirft es weg, und es wird von den Leuten zertreten."[18] – "Des Menschen Sohn muß erhöht werden."[19] – "Wenn das Weizenkorn nicht stirbt, bleibt es für sich allein."[21] – Nicht nur *fasten*, sondern *"das Fasten lieben"*, wie der heilige Augustinus und der heilige Benedikt sagen; *das Kreuz lieben* wie der heilige Andreas; denn *Fasten, Kreuz*, das ist *Nachahmung* Jesu, ist *Vereinigung* mit Jesus. Wir werden Jesus *"folgen"*, *"wir werden eins sein"* mit Jesus, *"wir werden seinen Namen heiligen"*, *"wir werden das Reich Jesu voranbringen"*, *"wir werden seinen Willen auf der Erde erfüllen und die Erfüllung seines Willens vorantreiben"* unter den anderen in dem Maße, als wir wie er und nach seinem Beispiel *"das Kreuz tragen"*, *"*von der Erde erhöht sein"* werden als Gekreuzigte, Abgetötete, Märtyrer; indem wir *"sterben wie das Weizenkorn"* ... deshalb das *Fasten lieben*, das *Leiden*, das *Kreuz* unter all seinen Formen, nach dem Wort Jesu: "Wenn du meinen Willen kennen willst, mußt du alles verachten und hassen, was du auf der Erde geliebt hast; und wenn du damit begonnen hast, wird dir alles, was dir mild und angenehm erschien, bitter und untragbar erscheinen, aber du wirst auch große Anziehungs- kraft in den Dingen finden, die dir unerträglich vorkamen." – *Das Kreuz* so sehr *lieben* und *suchen,* wie Jesus es getan hat und es zu tun erlaubt (das heißt, soweit der Gehorsam es zu- läßt, die Gesundheit es erträgt, der Geist dadurch nicht er- schlafft, der Charakter nicht verbittert wird und die Seele nicht darunter zu Schaden kommt).

14. – *Kapitel XIV* [Priestertum]
,,Wem viel gegeben ist, von dem wird auch viel gefordert."[22] – ,,Feuer auf die Erde zu werfen bin ich gekommen, und wie wünschte ich, daß es schon brenne!"[23] – Die Seelen *lieben* wie ,,das Herz Jesu, das die Menschen so sehr geliebt hat"; sich *für ihr Heil aufopfern* wie jener, der sich ganz durch seinen Namen bezeichnet: Jesus – Erlöser ... ,,*keinen anderen Ge- danken im Herzen haben, als Jesus den Seelen zu geben ...*", und sich ihnen demütig widmen wie jener, der gekommen ist, ,,um zu dienen und sein Leben als Lösepreis zu geben"[24]. Je- den Tag feste *Zeiten einrichten für die Verkündigung des Evangeliums* sowohl an jene, die zum Haus gehören, wie auch an die französischen und einheimischen Gäste. Diese Sorge um die Seelen soll vor allem den Vorrang haben ... Sehr gütig sein, um die Liebe zu Jesus zu wecken; mich bemühen, die Bruderschaft vom Heiligsten Herzen zu fördern.

15. – *Kapitel XV* [Feiertage]
,,Eines nur ist nötig. Maria hat den besten Teil erwählt."[25] – Ordnung und Aktivität, um Zeit zu sparen und um *ein sehr kontemplatives Leben* einhalten zu können, während ich doch ,,*allen alles werde,* um allen Jesus zu bringen ..." Aus dem Leben alle Trägheit verbannen, alle Schlaffheit, alle Zeit- vergeudung, alle Unordnung.

16. – *Kapitel XVI* [Intervalle]
,,Suchet vor allem das Reich Gottes und seine Gerechtigkeit,

und dies wird euch dazugegeben werden."²⁶ – *Sehr sorgfältig die Regel* befolgen, sowohl für die Zeit der Intervalle als auch für die Arbeitszeit und für alles; besonders aber die Vorschrift, *die Zeit für geistliche Dinge allem anderen vorgehen zu lassen* – und jene andere Vorschrift, Intervall – Zeiten, die mit geistlicher Führung, Beichten usw. verbracht werden, auf die Arbeitszeit anzurechnen ... Mich *möglichst viel in der Kapelle* aufhalten.

17. – *Kapitel XVII* [Geistliche Lesung]
Während der ersten zusätzlichen Intervall-Stunde immer eine Viertelstunde geistliche Lesung einschalten ... Während der zweiten zusätzlichen Intervall-Stunde niemals unterlassen, eine halbe Stunde der Lektüre theologischer Werke zu widmen ... An den arbeitsfreien Tagen noch länger lesen.

18. – *Kapitel XVIII* [Theologische Studien]
An den Werktagen die Intervalle folgendermaßen verteilen: 1.) Während aller in der Regel vorgesehenen Intervalle: inneres Gebet, reine Anbetung; 2.) während der drei zusätzlichen Intervall-Stunden an Werktagen – erste Stunde: ein Abschnitt aus dem heiligen Evangelium, Kreuzweg, 6 Vaterunser, Ave Maria und Ehre sei dem Vater, 50 ,,Allerheiligstes Herz Jesu", 10 ,,Liebreichstes Herz Mariae", 10 ,,Unser heiliger Vater Josef", 10 ,,Heilige Magdalena", 1 Kapitel aus dem Alten Testament, 1 Kapitel aus den Briefen, der Apostelgeschichte oder der Offenbarung, 2 Seiten aus der Regel, eine Viertelstunde Lektüre eines geistlichen Autors, Gebet; zweite Stunde: eine halbe Stunde schriftliche Betrachtung des heiligen Evangeliums, eine halbe Stunde Lektüre theologischer Werke; dritte Stunde: inneres Gebet, reine Anbetung.

19. – *Kapitel XIX* [Schweigen]
Das Schweigen soweit möglich wahren, aber es jedesmal unterbrechen, wenn Jesus in Nazaret es an meiner Stelle unterbrochen hätte, und in dem Maße und der Weise, wie er es un-

terbrochen hätte ... Schreiben in dem Maße, wie Jesus in Nazaret geschrieben hätte, Verwandten und Freunden zum Trost und zur Heiligung; an jene schreiben und in der Weise, wie er in Nazaret es getan hätte. Nicht so reden, nicht so schreiben, wie er es in seinem öffentlichen Leben getan hätte als Bestandteil dieses öffentlichen Lebens, denn ich ahme das *verborgene* Leben nach, nicht das *öffentliche:* letzteres muß ich anderen überlassen, die später kommen werden. Jetzt nur *in Stille die Wege vorbereiten,* wie Jesus es in Nazaret und Josef während seines ganzen Lebens tat. Folglich keine Briefe schreiben, die nach Werbung aussehen, das ist dem Leben von Nazaret völlig fremd ... *Anstatt mich bekannt zu machen, mich verbergen.* Wenn ich versuchen würde, mich bekannt zu machen – in diesem Sinne zu schreiben –, verstieße ich gegen *die Nachahmung des verborgenen Lebens Jesu,* die der wichtigste Punkt meiner Berufung ist .. Wenn Jesus will, daß die Kleinen Brüder vom Heiligsten Herzen bekannt werden und sich ausbreiten sollen, wird ihm das leichtfallen; es ist seine Aufgabe, die Berufung muß von Gott ausgehen und nicht von Menschen. Meine einzige Aufgabe bei ihrer Gründung besteht darin, mich so viel wie möglich heiligen und hier möglichst getreu ihr Leben führen.

20. – *Kapitel XX* [Trennung von der Welt]
Niemals denen, die sie nicht kennen, von meiner Familie oder von meiner Vergangenheit erzählen ... Mit denen, die sie kennen, das Gespräch darüber nicht von mir aus beginnen ... Niemals als erster über Nachrichten von draußen reden, und wenn man mir davon erzählt, die Unterhaltung abbiegen und auf die Dinge Gottes lenken. Wenn man mir von politischen Ereignissen oder von äußerlichen Dingen spricht: Sooft ich es ohne Schaden für die Seelen tun kann (den Einheimischen gegenüber *immer*), *ganz prinzipiell erklären,* daß ich nur von Gott sprechen hören möchte. Im Gespräch *mit den Einheimischen* nichts zulassen *als Gebete oder die Rede über Gott.*

21. – *Kapitel XXI* [Loslösung von allem außer Gott]
Gott allein! ... Deus meus et omnia![27] ... Niemals während
der Gebetszeit an die materiellen Dinge denken ... Nie den
materiellen Dingen mehr Zeit widmen, als durch die Regel
festgelegt ist ... Nie die Zeit, die den geistlichen Übungen
gewidmet ist, verringern ... *Unendlicher Unterschied zwischem dem Geschöpf und dem Schöpfer!* ... ,,*Eins nur ist nötig.*"[28]

22. – *Kapitel XXII* [Gehorsam und Hingabe an unsere Mutter, die heilige Kirche]
Möglichst sparsam leben, um nicht auf Gelder für Messintentionen angewiesen zu sein und diese *nach Vorschrift der Regel aufopfern* zu können ... Intentionen nur dann annehmen, wenn es *absolut nötig* ist ... Den jährlichen Beitrag zum Peterspfennig nicht vergessen.[29]

23. – *Kapitel XXIII* [Gehorsam gegenüber dem Bruder Prior]
Wenn Gott mir Brüder gibt, bemüht sein, *möglichst schnell den letzten Platz einzunehmen – entlastet vom Amt des Priors* und (wenn ich es ohne Unvollkommenheit kann) von den Ämtern des stellvertretenden Priors, des geistlichen Führers, des Lehrers, des Gästebruders, um im Hause Gottes der Letzte zu sein – ein Aschenputtel – elegi abjectus esse in domo Dei mei ...[30] *Möglichst schnell,* vorausgesetzt, daß ich es ohne Unvollkommenheit kann. In Erwartung dieses Augenblicks das *Beispiel geben: In allem selbst so sein, wie ich es von den Kleinen Brüdern vom Heiligsten Herzen Jesu erträume;* so sein, wie Jesus an meiner Stelle wäre ... Da ich vorläufig mein eigener Oberer bin, mir selbst die Anordnung geben, die ich dem Bruder Karl von Jesus geben würde, wenn ich sein *Oberer und gleichzeitig sein geistlicher Führer* wäre.

24. – *Kapitel XXIV* [Nächstenliebe innerhalb der Bruder-schaft]
Ich bin im Haus von Nazaret bei Maria und Josef, wie ein *kleiner Bruder* an meinen älteren Bruder Jesus geschmiegt, der Tag und Nacht in der heiligen Hostie gegenwärtig ist ... Gegenüber meinem Nächsten handeln, wie es sich an diesem *Ort,* in dieser Gemeinschaft gehört, wie ich Jesus handeln sehe, der mir *das Beispiel* gibt. *Hohe Anforderungen* stellen, was *die Zulassung* und insbesondere *das Bleiben* der Novizen betrifft. In der Bruderschaft immer *demütig* und *sanftmütig* sein, *dienen* wie Jesus, Maria und Josef es in dem heiligen Haus von Nazaret taten ... *Sanftmut, Demut, Erniedrigung, Liebe; den anderen dienen.*

25. – *Kapitel XXV* [Demut innerhalb der Bruderschaft]
Die Wäsche der Armen *waschen* (besonders am Gründon-nerstag) und *ihr Zimmer* regelmäßig *putzen* – soweit mög-lich, es *selber* tun ... und nicht andere machen lassen: die Toi-letten und die von den Einheimischen bewohnten Räume sauberhalten, alles, was „*Dienst*" ist und mich Jesus ähnlich macht, der unter den Aposteln „*wie derjenige ist, der dient*" ...[31] Laßt uns sehr sanftmütig sein gegenüber den Armen und gegenüber allen Menschen, auch das ist De-mut ... *Für die Armen kochen,* wenn ich dazu die Möglich-keit habe, ihnen *zu trinken und zu essen bringen;* diesen Dienst nicht andern überlassen.

26. – *Kapitel XXVI* [Liebevolle Pflege der kranken Brüder]
In jedem Kranken nicht einen Menschen, sondern Jesus sehen. Daraus erwächst Achtung, Liebe, Mitleiden, Freude und Dankbarkeit darüber, ihn pflegen zu dürfen, Eifer, Milde ... Letzte Momente nicht nur der Christen – auch der Moslems: Wer weiß, ob da nicht manchmal die Taufe zu spenden wäre? – Den Kranken wie den Armen dienen, indem ich mich be-mühe, den einen wie den anderen *die niedrigsten Dienste* zu erweisen, wie Jesus, der die Füße der Apostel wäscht.

27. – *Kapitel XXVII* [Nächstenliebe unter den verschiedenen Bruderschaften]
Mein möglichstes tun für die Gründung einer möglichst großen Zahl von Bruderschaften vom Heiligsten Herzen Jesu – eine davon, wenn die Stunde kommen wird, in Bethanien, eine auch in Nazaret und eine in Rom ,,Quo vadis"[32] – zu diesem Zweck *mich so viel wie möglich heiligen, in jedem Augenblick das Vollkommenste tun.*

28. – *Kapitel XXVIII* [Nächstenliebe, Friede, Demut und Mut allen Menschen gegenüber]
Die Gegenwart schlechter Menschen ertragen, vorausgesetzt, daß ihre Bosheit die andern nicht verdirbt – wie Jesus Judas ertrug ... Dem Bösen nicht widerstehen ... Auch nichtgerechtfertigten Bitten stattgeben: *aus Gehorsam gegenüber Gott* und um den Seelen durch diese *Willfährigkeit* Gutes zu tun; *die anderen so behandeln, wie Gott es tut, ihn nachahmen:* ,,Gehe zwei Meilen mit" ...[33] *Den Undankbaren auch weiterhin Gutes tun,* um *Gott nachzuahmen,* der ,,regnen läßt über Gerechte und Ungerechte"[34]. – ,,Wenn ihr nur die liebt, die euch lieben, was für ein Dank steht euch zu? Seid gut zu den schlechten Menschen, zu den Undankbaren, zu den Feinden, wie Gott selbst."[35]
Jeder Mensch, *wie schlecht er auch sei,* ist, solange er lebt, ,,Kind Gottes", ,,Ebenbild Gottes", ,,Glied am Leibe Christi": *Hochachtung, Liebe, feinfühlige Aufmerksamkeiten für das leibliche Wohlbefinden, äußerster Eifer für die geistige Vervollkommnung* eines jeden von ihnen ... Nicht versuchen, viel zu besitzen, um große Almosen zu geben, was dem Beispiel unseres Herrn ganz entgegengesetzt wäre; sondern wie er von meiner Hände Arbeit leben und das Wenige jedem geben, der bittet – wie Jesus: Verdienen wir nur das, was Jesus verdiente, und teilen wir wie er mit jedem, der darum bittet oder in Not ist.

29. – *Kapitel XXIX* [Nächstenliebe den anderen Menschen gegenüber – Geistliche Wohltaten]
„Ich bin nicht gekommen, Gerechte zu rufen, sondern Sünder."[36] – *Nur einen Wunsch im Herzen haben, allen Jesus zu geben.* Mich besonders der „verlorenen Schafe", der *Sünder*, der *schlechten Menschen* annehmen; die neunundneunzig verlorenen Schafe nicht im Stich lassen, um in aller Ruhe mit dem treuen Schaf im Stall zu bleiben ... Die natürliche Strenge und den Abscheu überwinden, die ich Sündern gegenüber empfinde; diese Haltungen durch Mitleiden, persönliches Interesse, Eifer und beflissenes Bemühen um ihre Seelen ersetzen.

30. – *Kapitel XXX* [Nächstenliebe den anderen Menschen gegenüber – Materielle Wohltaten]
In jedem Menschen Jesus sehen ... Für die Gäste etwas mehr tun als für mich ... Nicht mehr an das Weizenbrot herangehen, es sei denn im Falle einer Krankheit: Alles, was ich davon nehme, nehme ich Jesus weg (die *Liebe*, die *Buße*, der *Glaube* lassen mich in jedem Menschen Jesus sehen und machen mir das zur Pflicht ... ebenso die *Hoffnung*, die mich lehrt, daß ich an Gnade und Herrlichkeit hundertfältig wieder erlangen werde, was ich gebe [Herrlichkeit = Erkenntnis und Liebe des Geliebten; Gnade = Mittel, den Geliebten wirklich zu lieben und ihm zu dienen]. Und ich habe es so nötig, zu empfangen!)

31. – *Kapitel XXXI* [Geheiligte Handarbeit]
Gleiche Aufmerksamkeit darauf verwenden, während der festgesetzten Zeiten gewissenhaft zu arbeiten und bei der Arbeit *fortwährend Jesus zu betrachten: Beides ist notwendig,* um *ihn nachzuahmen* und *ihn zu lieben* ... Nie zugunsten praktischer Beschäftigungen die Zeiten, die den Gebetsübungen zu widmen sind, verringern ... Einen Verwalter für die weltlichen Geschäfte haben.

32. – *Kapitel XXXII* [Armut und Buße in der Nahrung]
,,Habt acht auf euch, daß euer Herz sich nicht belastet in Taumel, Trunkenheit und irdischen Sorgen."[37] – ,,Wenn das Weizenkorn nicht stirbt, bleibt es für sich allein; stirbt es hingegen, so bringt es reiche Frucht."[38] – *Die Regel befolgen* im Hinblick auf *die Zeiten, die Stunden, die Dauer, die Zusammenstellung* der Mahlzeiten; der *Nächstenliebe* und dem *Glauben* folgen, indem ich *den Gästen mehr* gebe *als mir* und in allen Menschen Jesus sehe. ,,Was ihr auch nur einem von meinen geringsten Brüdern getan habt, habt ihr mir getan."[39] – Um halb 12 Uhr (während der Fastenzeit um 12 Uhr) ,,asida" oder Gerstenbrot (und einige Datteln); als ,,frustulum" einige Datteln oder ein wenig Brot; abends Brot und Datteln ... Gerstenbrot und kein Weizenbrot; das Weizenbrot für Jesus lassen ... Nicht Jesus geben, was weniger gut ist, das Bessere behalten ... Die 10 Franken ehrlich ausgeben oder den Wert mit Datteln, Milch, Kaffee oder Tee vervollständigen.

33. – *Kapitel XXXIII* [Armut und Buße in der Kleidung]
Gerne, freudig unter Kälte, unter Hitze, unter allem leiden, ja danach verlangen, *um Gott ein größeres Opfer anbieten zu können, um tiefer mit Jesus vereint zu sein, um fähiger zu sein, ihn zu verherrlichen.* Diesen zusätzlichen Tribut an Leiden entrichten, um *auf Erden und im Himmel mehr Erkenntnis und Liebe von Jesus* zu empfangen ... Je mehr *wir alles entbehren, desto mehr sind wir dem gekreuzigten Jesus ähnlich ... Je mehr wir am Kreuz hängen, desto inniger umfangen wir Jesus, der daran genagelt ist ... Jedes Kreuz ist ein Gewinn, denn jedes Kreuz vereint uns mit Jesus.*

34. – *Kapitel XXXIV* [Armut und Buße in den Bauten]
In der Kapelle, der Sakristei und der Bibliothek verputzte und gekalkte Wände ... Die anderen Bestandteile der Bruderschaft können ebenso sein, wenn Sauberkeit, Hygiene oder Haltbarkeit es erfordert. Die Gäste bezüglich Unterkunft wie

in allem anderen ein wenig besser behandeln als die Brüder, Arme ebenso gut wie die Reichen; in allen Jesus sehen. Genügend Unterbringungsmöglichkeiten im Außenbereich haben für alle Gäste, für alle Arten von Gästen (gute und böse; Kinder und Jugendliche; ständige und durchreisende Gäste).

35. – *Kapitel XXXV* [Armut und Buße im Mobiliar]
Nichts mehr und nichts Besseres haben, als was Jesus in Nazaret gehabt haben könnte. Sich freuen und danach verlangen, eher *weniger* zu haben als *mehr*.

36. – *Kapitel XXXVI* [Kapellen und Sakristeien]
Mut – Geduld – mich in allem der Regel anpassen und mein möglichstes tun für die Gründung der Kleinen Brüder vom Heiligsten Herzen Jesu ... Zuversicht; *mich heiligen; das ist das A und O!*

37. – *Kapitel XXXVII* [Name]
Mich „Bruder" nennen lassen und nicht „Pater" ... Die *Regel* befolgen, die *Regel,* die *Regel!*

38. – *Kapitel XXXVIII* [Gründungen]
Die Gründung der Kleinen Brüder und der Kleinen Schwestern vom Heiligsten Herzen Jesu *hängt von mir ab,* von *meiner Treue,* von *meiner Bekehrung* ... Mein Gott, schenke mir die Umkehr! Heilige Jungfrau, heiliger Josef, heilige Magdalena, ich lege meine Seele in euere Hände! – Das Größte, was ich tun kann, *um Gott zu verherrlichen und die Seelen zu retten* im Blick auf ihn, ist die Gründung der *Kleinen Brüder* und der *Kleinen Schwestern* vom Heiligsten Herzen Jesu ... und dazu ist *ein einziges notwendig und ausreichend: mich heiligen.*

39. – *Kapitel XXXIX* [Stundenplan]
„Hinweg von mir, Widersacher! Du bist mir ein Ärgernis, denn du denkst nicht nach Gottes Gedanken, sondern

menschlich."[40] – *Sehr getreu dem Stundenplan folgen:* Wenn das Heil der Seelen gewisse Veränderungen des Zeitplanes erforderlich macht, diese ohne Skrupel vornehmen – aber der Regel entsprechend – wie der Bruder Prior es dem Lektor bei Tisch, dem Gästebruder u. s. w. zu tun vorschreibt ... wenn notwendig. Niemals irgendeine Stunde aus *Bequemlichkeit, Lauheit, Leichtfertigkeit oder Launenhaftigkeit* anders ansetzen. Augenblicklich gilt: Mittagessen zur normalen Stunde, Abendessen um 6 Uhr; die Gebetsübungen, die der täglichen Lektüre des heiligen Evangeliums, folgen je nach Notwendigkeit, später aber alle vollständig halten! – Sehr genau sein mit dem Glockenläuten zu den festgelegten Stunden. In jedem Augenblick *heute so leben, als müßte ich noch heute abend als Märtyrer sterben.*

40. – *Kapitel XL* [Ende des Exils]
„Eins nur ist nötig"[41]: In jedem Augenblick das tun, was Jesus am meisten gefällt; sich *unablässig* auf das Martyrium vorbereiten und es annehmen, *ohne sich im geringsten zu wehren,* wie das Lamm Gottes, in Jesus, durch Jesus, wie Jesus, für Jesus.[42]

Vorsätze vom Fest Unserer Lieben Frau vom Guten Rat[43]:
1.) Vollkommen die Regel befolgen.
2.) Niemals die Zeit verringern, die ich vor dem Allerheiligsten verbringe.

Rat von Abbé Huvelin: „Allen alles sein; einen *einzigen Wunsch im Herzen* haben: allen Jesus zu geben."

Verwendung der Intervalle:

I. An Werktagen
1.) Intervalle, die für alle gleich sind: Anbetung.
2.) Besondere Intervalle für die Priester: Erste Stunde: Lek-

türe des heiligen Evangeliums, Kreuzweg, 6 Vaterunser, 6 Ave Maria, 6 Ehre sei dem Vater, 50 Herz Jesu, erbarme dich unser, 10 Unbeflecktes Herz Mariens, 10 Heiliger Vater Josef, 10 Heilige Magdalena, 1 Kapitel Neues Testament (abgesehen von den vier Evangelien), 1 Kapitel Altes Testament, 2 Seiten Regel, 15 Minuten Lektüre geistlicher Autoren, Anbetung.

Zweite Stunde: eine halbe Stunde Lektüre theologischer Werke, eine halbe Stunde Betrachtung des heiligen Evangeliums.

Dritte Stunde: Anbetung.

3.) *Mittags:* eine halbe Stunde Betrachtung des heiligen Evangeliums, eine Stunde Anbetung.

4.) *Nachtwache nach der Ruhezeit:* a) Briefe oder andere sehr dringliche Schreiben, b) geistliche Notizen, c) Anbetung.

II. An Feiertagen

1.) *Gemeinsame Intervalle:* Erste Stunde – Anbetung; zweite Stunde – wie die erste Stunde der besonderen Intervalle für die Priester; dritte Stunde – wie die zweite Stunde der besonderen Intervalle für die Priester; vierte Stunde – wie die dritte Stunde der besonderen Intervalle für die Priester; die anderen nach eigenem Wunsch.

2.) *Mittags* – wie an den Werktagen.

3.) *Nachtwache nach der Ruhezeit:* a) geistliche Notizen, b) Anbetung.

N.B. Sowohl an den Werktagen als auch an den Feiertagen werde ich, wenn ich Gebetsstunden (aus Intervall – oder anderen Zeiten, ob gemeinsame oder besondere) nachholen muß, dies *in der Nachtwache nach der Ruhezeit* tun, aber *nicht in der Mittagszeit,* die immer gleich verwendet werden soll.

Am Herz-Jesu-Fest:

1. – *Das Größte, was ich zur Ehre Gottes tun kann, was er von mir verlangt, ist die Gründung der Kleinen Brüder (und*

wahrscheinlich der Kleinen Schwestern) vom Heiligsten Herzen Jesu.

2. – *Dazu muß ich: a) mich heiligen, b) mich dadurch heiligen, daß ich sehr getreu meine Regel befolge und selbst vorlebe, wie die anderen sein sollen,* c) die Regel der Kleinen Schwestern vom Heiligsten Herzen Jesu vorbereiten, d) durch Gebet und Buße diese Gründung(en) von Gott erbitten und den inneren Frieden suchen, um Gott zu finden und ihn im Frieden weiterzuschenken.

Zusammenfassung der Vorsätze aus den Jahresexerzitien 1902, am Herz-Jesu-Fest 1902:

1. – „Allen alles sein, mit einem einzigen Wunsch im Herzen, allen Jesus zu geben."

2. – Das Heil der Menschen allem anderen vorziehen, dabei aber vollkommen die Regel befolgen.

3. – Einen Ungläubigen oder einen Christen vor der Hölle retten, das bedeutet Jesus davor retten.

4. – „Das Gute, das ein Mensch wirkt, ist eine direkte Auswirkung des Geistes, der in ihm wohnt" … „Wie der Hirte, so das Volk" … Das Heil dieses Volkes hängt von meiner Bekehrung ab.

5. – *Die Regel in allem vollkommen befolgen:* Sehr genau das Glockenläuten und die Gebetsstunden einhalten; die Gespräche mit den Christen religiöser und kürzer halten; über die Moslems beten; weniger reden; den Kranken sagen, daß sie beten und gut sein sollen; die Kinder das Beten lehren; Schweigen; niemals den Gebetsübungen weniger Zeit widmen, als die Regel vorsieht.

6. – Uns freuen – nicht darüber, etwas zu haben, sondern etwas zu entbehren. Was das Irdische angeht, in Frieden das Nötige tun, um den Kleinen Brüdern Jesu den Platz zu bereiten, und mich dabei über Mißerfolg und Entbehrung freuen, denn dann habe ich das Kreuz und die Armut Jesu, die größten Güter, die die Erde schenken kann.

7. – Jeden Tag eine festgesetzte Zeit – geheiligte Zeit – der Verkündigung des Evangeliums an die Gäste, an alle, die zum Haus gehören usw. widmen.

8. – *Täglich laut den Rosenkranz beten – Matutin und Laudes um Mitternacht –; möglichst viel Zeit in der Kapelle verbringen; ohne Unterlaß beten während der Arbeit, beim Kommen und Gehen. Eine halbe Stunde Vorbereitung vor der Messe; eineinhalb Stunden Danksagung danach.*

9. – *Sehr häufig Geistliche Kommunion.*

10. – *Niemals die Gebetsübungen der ersten zusätzlichen Intervall-Stunde und der zweiten – Betrachtung des Evangeliums auslassen.*

11. – *Kreuz: es lieben; es suchen,* soweit der Gehorsam es zuläßt; soweit der Geist es erträgt, ohne zu erschlaffen; der Körper es erträgt ohne Krankheit; der Charakter es erträgt, ohne zu verbittern.

12. – *Gütig, sehr gütig* sein, um die Liebe zu Jesus zu wecken: *gütig, sanftmütig und demütig* sein.

13. – Ordnung und Aktivität; sparsamer Umgang mit der Zeit: weder Lauheit noch Schlaffheit noch Trägheit.

14. – *Schreiben und reden, wie Jesus in Nazaret es getan hätte ... Also viel schweigen ... und keine Werbebriefe; anstatt mich bekannt zu machen, mich verbergen wie Jesus in Nazaret.*

15. – Niemals denen, die sie nicht kennen, von meiner Familie und von meiner Vergangenheit erzählen und denen, die sie kennen, möglichst wenig ... niemals Nachrichten von draußen. Im Gespräch mit den Einheimischen nichts zulassen außer Gott – mich sehr kurz fassen ihnen gegenüber.

16. – Nicht während der geistlichen Übungen an die irdischen Dinge denken ...Aber während der praktischen Beschäftigungen um die Gründung der Kleinen Brüder vom Heiligsten Herzen beten.

17. – Niedrigkeit: Dienst am Nächsten ... Mir eine bestimmte Zahl täglicher Arbeiten festlegen, die sehr niedrig sind, und sie ausführen wie Jesus in Nazaret, der „gekom-

men ist, um zu dienen"[44] ... Die Ordonnanz abschaffen*:
,,dienen und nicht sich bedienen lassen."

18. – *In jedem Menschen Jesus sehen und entsprechend handeln: Güte,* Hochachtung, Liebe, Demut, Sanftmut; für ihn mehr tun als für mich.

19. – Dem Bösen nicht widerstehen. Den Undankbaren Gutes tun ,,wie der himmlische Vater"[45].

20. – ,,Ich bin nicht gekommen, Gerechte zu rufen, sondern Sünder."[46] – ,,Das verlorene Schaf suchen" ...[47] – ebenso handeln.

21. – Für die Gäste etwas mehr tun als für mich.

22. – Nichts mehr und nichts Besseres haben als was Jesus in Nazaret gehabt hat ... Sich freuen über Entbehrungen.

23. – Festgelegte Zeiten für die Mahlzeiten. Gestaltung der Intervalle wie notiert.

24. – *Heute so leben, als müßte ich* noch *heute abend als Märtyrer sterben.*

---

* Die kleine Garnison in Beni-Abbès hatte Bruder Karl regelmäßig einen Soldaten zur Verfügung gestellt, der ihm half.

*Hier folgt in der Handschrift zunächst ein Entwurf zu einer
kurzen Inhaltsangabe der vorhergehenden Zusammenfassung.
Der Text entfällt hier, da Bruder Karl ihm noch am selben
Tag, dem Herz-Jesu-Fest 1902, folgende „endgültige
Fassung" anfügt:*

I. *Das Größte, was ich zur Ehre Gottes tun kann, was er von
mir verlangt, ist die Gründung der Kleinen Brüder (und
wahrscheinlich der Kleinen Schwestern) vom Heiligsten Herzen
Jesu.*
II. *Dazu muß ich: 1.) mich heiligen, 2.) mich dadurch heiligen,
daß ich sehr getreu die Regel der Kleinen Brüder vom
Heiligsten Herzen Jesu befolge und vorlebe, wie die anderen
sein sollen, 3.) die Regel der Kleinen Schwestern vom Heiligsten
Herzen Jesu vorbereiten.*

Um mich zu heiligen, indem ich sehr getreu die Regel der
Kleinen Brüder vom Heiligsten Herzen Jesu befolge:
1. – *Nachahmung unseres Herrn Jesus in Nazaret; Anbetung
des Allerheiligsten Altarssakraments; Leben in den Missionsländern.*
2. – Mehr *Nächstenliebe:* im Nächsten Jesus sehen; Kapitel
28, 29, 30.
Mehr *Andacht:* beim Gebet und in jedem Augenblick.
Mehr *Sammlung:* die Kapitel 19, 20, 21 der Regel in die Tat
umsetzen.
Mehr *Niedrigkeit:* Kapitel 25 der Regel in die Tat umsetzen.
Mehr *Buße:* Disziplin, Regelmäßigkeit, Nachtwachen,
Mahlzeiten, Kreuz.
Mehr *Armut:* Freude über Entbehrungen.
Mehr *Aktivität:* keine Trägheit, Lauheit, Schlaffheit.
Mehr *Frömmigkeit* in den Gedanken: Gedanken, die nicht in
Beziehung zum Bräutigam stehen, verjagen.
Mehr *Frömmigkeit* in den Worten: gegenüber den Christen
und gegenüber den Ungläubigen.

Mehr *Regelmäßigkeit:* Die innere Frömmigkeit kann nicht Bestand haben ohne die äußere Regelmäßigkeit.

Mehr *Frieden:* inneren und äußeren.

3. – *Nächstenliebe:* ,,Allen alles sein mit dem einzigen Wunsch im Herzen, allen Jesus zu geben.''

– Jeden Tag eine Zeit (geheiligte Zeit) der Verkündigung des Evangeliums an die Gäste, an alle, die zum Haus gehören u. s. w. widmen.

– Dem Bösen nicht widerstehen ... [50] – den Undankbaren Gutes tun ,,wie der himmlische Vater''[51] ... – Die anderen besser behandeln als mich, da ich in ihnen Jesus sehe ... Die Sünder nicht im Stich lassen, sondern im Gegenteil hinter den verlorenen Schafen herlaufen wie der Gute Hirte.

4. – *Andacht:* Alle Sorgfalt auf das Brevier, den täglichen Blumenstrauß verwenden; jede Tagzeit zu ihrer Stunde, auch die um Mitternacht: alles laut beten.

– Den Rosenkranz täglich laut beten.

– Eine halbe Stunde Vorbereitung vor der Messe, eineinhalb Stunden Danksagung danach.

– Die Intervalle nutzen, wie es am Ende der Notizen zu den Jahresexerzitien 1902 notiert ist.

– Niemals Übungen der ersten zusätzlichen Intervall-Stunde auslassen, auch nicht die halbe Stunde der persönlichen Betrachtung des Evangeliums.

– Niemals die Zeit, die vor dem Allerheiligsten zu verbringen ist, verringern, auch nicht die Zeit, die für geistliche Übungen vorgesehen ist.

– Ohne Unterlaß an Gott denken, während der praktischen Arbeit beim Kommen und Gehen beten.

– Sehr häufige Geistliche Kommunionen.

5. – *Sammlung:* Keine Briefe, um die Kleinen Brüder vom Heiligsten Herzen Jesu bekannt zu machen; anstatt mich bekannt zu machen, mich verbergen *wie Jesus in Nazaret.* Um die Kleinen Brüder vom Heiligsten Herzen Jesu zu gründen, ist es notwendig, daß ich mich nicht bekannt mache, sondern daß ich mich heilige und vollkommen das Leben eines Klei-

nen Bruders vom Heiligsten Herzen Jesu in der Nachahmung Jesu in Nazaret führe.

6. – *Buße:* die Armut und das *Kreuz* lieben; *sich freuen, etwas zu entbehren und zu leiden* – das ist die Vereinigung mit Jesus. *Man umarmt ihn um so mehr, je mehr man das Kreuz fest an sich drückt.*

7. – *Armut:* Was die praktischen Dinge angeht, gewissenhaft und in Frieden das Nötige tun, um den Kleinen Brüdern vom Heiligsten Herzen Jesu den Platz zu bereiten, und mich dabei über Mißerfolg und Mittellosigkeit freuen, *denn dann habe ich das Kreuz und die Armut Jesu, die größten Güter, die die Erde schenken kann.*

8. – *Regelmäßigkeit:* Genauigkeit beim Läuten, beim Breviergebet, beim Einhalten der Intervalle, der Mahlzeiten, der Zeit für den Schlaf, für die Arbeit u. s. w. zu den festgelegten Stunden.

– Mittagessen um $1/2$ 12 Uhr; Abendessen um 6 Uhr (im Augenblick).

9. – *Heute so leben, als müßte ich noch heute abend als Märtyrer sterben.* [52]

10. Dezember 1902 [53]

Zusammenfassung:

1. *Lauheit gegenüber Jesus:* Ich bete weder so liebevoll noch so viel zu ihm, wie ich es könnte und müßte.
2. *Lauheit gegenüber dem Nächsten:* Ich sehe nicht genügend im Nächsten Jesus, und ich liebe ihn nicht wie mich selbst.
3. *Lauheit im Blick auf das Kreuz:* Ich strebe nicht nach Leiden, ich bin faul und naschhaft.

Weihnachten 1902

Tue Wunder für mich, und ich werde für dich welche tun.

Exerzitien in Beni-Abbès,
Anfang 1903

Die Jahreserxezitien 1903 hält Bruder Karl bereits vom 25. Januar bis 2. Februar. Er hat seit Oktober 1901 keinen Priester mehr gesehen, nicht mehr gebeichtet.

Um diese Zeit leben vier ständige Gäste in der Bruderschaft: Abd-Jesus-Caritas, *ein jetzt vierjähriger schwarzer Junge, den er im Juli 1902 losgekauft und zum 15. August getauft hat. Erst im Juni wird er ihn in ein Kinderheim der Weißen Schwestern weiterleiten können.*

Paul Embarek, *ein 15-jähriger schwarzer Sklave, den er im September 1902 freigekauft hat und der mit Unterbrechungen bei ihm bleibt. Bruder Karl sieht ihn ebenso als Katechumenen an wie*

Marie, *eine alte, schwarze Frau, die gerade zum Weihnachtsfest blind und obdachlos bei ihm aufgetaucht war.*

Pierre, *ein dreizehnjähriger, vor wenigen Tagen erst freigekaufter Sklavenjunge, der zwei Monate später zu seinen Eltern zurückkehren kann.*

Schon seit einiger Zeit drängt es Bruder Karl immer mehr, seiner Bruderschaft die Wege in das benachbarte, aber für Europäer nach wie vor verschlossene Marokko zu ebnen, das er vor 19 Jahren durchforscht hatte.

Aus diesen Exerzitien sind nur die folgenden kurzen Notizen erhalten.

ZUSAMMENFASSUNG DER VORSÄTZE AUS DEN JAHRESEXERZITIEN 1903[1]

Vorsätze aus den Jahresexerzitien 1903[2]*:*
Damit Gott so viel wie möglich und von vielen Menschen geehrt werde: a) mein möglichstes tun für die Gründung und Entfaltung der Kleinen Brüder und der Kleinen Schwestern vom Heiligsten Herzen Jesu, b) mein möglichstes tun für die Bekehrung Marokkos und der anderen Gebiete, die uns das Heiligste Herz zeigen wird.

Versprechen, abgelegt am 2. Februar 1903:
Feierliches Versprechen: 1. alle apostolischen Aufgaben, die ich unternehmen werden, dem Herzen Jesu zu weihen; 2. mich selbst und meine Unternehmungen, mein ganzes Leben unter das Patronat der seligen Margareta Maria[3] zu stellen.

Versprechen, abgelegt am Aschermittwoch 1903[4]*:*
Habe gelobt, *jeden Augenblick* meines Lebens dafür einzusetzen, unseren Herrn zu *erlösen,* der verlorengeht in all denen, die verloren sind (durch Gebet, Buße, Beispiel, persönliche Heiligung, Güte, durch das Meßopfer, das heiligste Altarssakrament, durch die Gründung und Entfaltung der Kleinen Brüder und der Kleinen Schwestern vom Heiligsten Herzen Jesu, durch die Bekehrung Marokkos und der anderen Gebiete, die uns das Heiligste Herz zeigen wird.)

Wahl vom 29. September 1903, Fest des heiligen Michael:
Quis? (Wer?) Ein Kleiner Bruder vom Heiligsten Herzen Jesu, der nach der größten Vollkommenheit strebt.
Quid? (Was?) Ein möglichst vollkommener Kleiner Bruder vom Heiligsten Herzen Jesu zu sein.
Ubi? (Wo?) Dort, wo meine Gegenwart den göttlichen Bräutigam am meisten ehrt, das heißt in Beni-Abbès (dieser Ort

liegt zentral zwischen der Zusfana[5], den Oasen und Marokko; er ist besser als jeder andere erreichbar von Marokko aus, das eine Bevölkerung von zehn Millionen hat, während in den Oasen fünfundfünfzigtausend Menschen wohnen.) Darüber hinaus könnte ich, wenn Gott will, daß ich die Oasen durchquere, zum Beichten auf dem Weg über Timimun[6] nach El Goléa[7] gehen ... Aber auf keinen Fall darf ich Beni-Abbés, von wo aus ich die zehn Millionen Bewohner Marokkos in Reichweite habe, zugunsten der Oasen verlassen, deren Bevölkerung ebenso wie die der umliegenden Gebiete relativ gering ist.

Quibus auxiliis? (Mit welchen Hilfen?) Jesus.

Cur? (Warum?) Aus reiner Liebe.

Quomodo? (Auf welche Weise?) In der möglichst vollkommenen Nachahmung Jesu.

Quando? (Wann?) „Cum festinatione"[8].

Im Jahre 1903. Jesus das Versprechen gemacht: Immer das Vollkommenste zu tun.

Im Jahre 1903. Jesus das Verpsrechen gemacht: Matutin und Laudes immer vor vier Uhr morgens zu beten.[9]

Exerzitien in Beni-Abbès,
Ende 1903

Um Pfingsten 1903 hatte Bischof Guérin Bruder Karl in Beni-Abbés besucht. Das weitere Jahr wurde unruhig. Die Hoffnung, nach Marokko vordringen zu können, erfüllt sich nicht. Statt dessen kommt das Angebot, mit einer Militärexpedition in den Süden zu reisen, zu den gefürchteten Tuareg, zu denen (wie nach Marokko) kein Missionar kommen kann. Ende August brechen bei Taghit, 120 km nördlich Beni-Abbès, Kämpfe aus, Bruder Karl wird zu den Verwundeten gerufen und bleibt den ganzen September dort. Nach einem zweiten, kurzen Besuch in Taghit sieht er den Aufbruch in den Süden kommen und nutzt eine ruhige Periode, um seine Exerzitien zu beginnen. Doch am zweiten Abend wird er wieder nach Taghit gerufen. Die Exerzitien kann er erst nach fünf Tagen Abwesenheit fortsetzen. Mitte Januar 1904 wird er dann tatsächlich in den Süden aufbrechen – und etwas mehr als ein Jahr unterwegs sein.

Als Leitfaden bei den Exerzitien dient Bruder Karl wieder seine Regel. Er geht diesmal offensichtlich so vor, daß er zunächst bei der Lektüre des jeweiligen Kapitels kurz notiert, was ihm besonders zu beachten scheint. Danach formuliert er die Frage für die Gewissenserforschung und schreibt dann erst wieder seine Vorsätze auf. Da diese manchmal zu ausführlich geraten, folgt noch eine Zusammenfassung, die aber bei der strengen Ordnung, an die Bruder Karl gewöhnt ist, auch dann nicht fehlt, wenn sie nur die Vorsätze wiederholt.

Der Wortlaut der Aufzeichnungen bei diesen Exerzitien ist naturgemäß oft vom Wortlaut der Regel geprägt.

Zu erwähnen ist noch: Im Frühjahr 1903 hatten sich einige Interessenten gemeldet, die sich Bruder Karl eventuell anschließen wollten. Sie durften jedoch wegen militärischer Sicherheitsvorschriften nicht nach Beni-Abbès kommen.

JAHRESEXERZITIEN 1904[1]

(vorgezogen auf November – Dezember 1903)

29. November, 1. Adventssonntag

Einführung und Kap. I [Nachahmung unseres geliebten Herrn Jesus] – 1.) *Beachten:* ,,Wenn jemand mir dienen will, so folge er mir."[2] Die Hauptmerkmale der Kleinen Brüder vom Heiligsten Herzen Jesu sind: Anbetung des Allerheiligsten Altarssakraments, das ständig ausgesetzt ist, glühende Liebe zum Nächsten, Nachahmung des verborgenen Lebens Jesu in Nazaret. 2.) *Gewissenserforschung:* nicht genügend Anbetung vor dem heiligen Sakrament und Gebetsleben; nicht genügend Liebe zum Nächsten, da ich nicht genügend Jesus in ihm sehe, ihm nicht genügend helfe, weder materiell noch geistlich durch herzliche Zuneigung; nicht genügend körperliche Arbeit, Buße, Armut, Erniedrigung. 3.) *Vorsätze:* Sehr genau die Regel und die früheren Vorsätze befolgen: ein kleines Heft meiner Gelübde, Verspechen und Vorsätze anlegen und an den Anfang den Brief stellen, den N. H.[3] mir nach Naz.[4] geschrieben hat, sowie meine Vorsätze aus den Exerzitien (zum Subdiakonat, Diakonat, zur Priesterweihe und aus den Jahresexerzitien) ...
Bald ein, besser zwei Exemplare der Regel in kleinem Format anfertigen ... Im Augenblick sechs Stunden schlafen, vom dritten Adventssonntag an fünfdreiviertel Stunden und ab dem vierten Adventssonntag fünfeinhalb Stunden. Mich dann nicht mehr hinlegen. Die dem Schlaf abgezogene Zeit dem stillen Gebet widmen ... Jedesmal, wenn ich in der Nacht aufstehe, das Allerheiligste besuchen, dabei eine Geistliche Kommunion halten ... In jedem Menschen Jesus sehen und entsprechend handeln ... Immer das Wort vor Augen haben: ,,Wer dich bittet, dem gib"[5] ... Mit denen sprechen,

die zu mir kommen, um mit ihnen in freundschaftliche Beziehung einzutreten; ihnen etwas geben, um mit ihnen in Beziehung zu stehen und ihnen durch das Gespräch etwas geistliche Hilfe geben zu können ... Gern die Arbeiten verrichten, die am gröbsten, am mühsamsten, am niedrigsten sind, ihnen Vorrang geben, außer wenn der Gehorsam oder die Nächstenliebe mich daran hindern; jeden Tag treu die fünf Stunden der Arbeit widmen ... Mich schnell von allem lösen, was Jesus an meiner Stelle nicht hätte ... Sehr vertraut werden mit den Geringen, sie nicht herumkommandieren, leben wie sie, sie wie meinesgleichen oder wie meine Vorgesetzten behandeln, mit Hochachtung, Disziplin; Abtötung beim Essen, in der Kleidung, im Schlaf, in der Arbeit. 4.)*Zusammenfassung:* Die Regel und die gefaßten Vorsätze befolgen: Schlaf, materielle und geistliche Hilfen sowie die körperliche Arbeit in Ordnung bringen.

Kap. II [Immerwährende Anbetung des Allerheiligsten Altarssakramentes] – 1.)*Beachten:* ,,Dies ist mein Leib, dies ist mein Blut ... Bleibet hier und wachet mit mir"[6]. 2.) *Gewissensforschung:* Nicht genügend Liebe, Ehrfurcht, Zeit und Regelmäßigkeit vor dem Allerheiligsten. 3.) *Vorsätze:* Die Regel befolgen; die Zeit, die ich jede Nacht dem Schlaf abziehe, in Anbetung vor dem heiligen Sakrament verbringen. 4.) *Zusammenfassung:* Die Regel und die früheren Vorsätze befolgen. Den Schlaf einteilen und die Zeit, die ich dem festgelegten Schlaf abziehe, in Anbetung vor dem Allerheiligsten verbringen.

Kap. III [Niederlassung der Kleinen Brüder vom Heiligsten Herzen in den nichtchristlichen Ländern] – 1.) *Beachten:* ,,Gehet hin in alle Welt und verkündet aller Schöpfung die Frohe Botschaft!"[7] 2.) *Gewissenserforschung:* Muß ich in Beni-Abbès bleiben oder ausstrahlen? ... Nicht genügend Gebet, Buße, Güte, evangelische Tugenden, persönliche Heiligung, materielle und geistliche Hilfeleistungen, um die

Ungläubigen zu retten. 3.) *Vorsätze:* Der Regel gemäß in Beni-Abbès bleiben, es sei denn, um gewichtige Aufgaben der Nächstenliebe zu erfüllen oder um mich endgültig anderswo niederzulassen: Von hier strahlt die heilige Hostie aus ... Mich der Regel und den gefaßten Vorsätzen anpassen in Gebet, Buße, Güte, in den evangelischen Tugenden (auch in Einsamkeit, Niedrigkeit – das Ungeziefer nicht fürchten – Schweigen, Regelmäßigkeit); persönliche Heiligung, materielle und geistliche Hilfeleistungen ... Mit den Ungläubigen freundschaftlich und bescheiden reden, herzliche Beziehungen mit ihnen unterhalten (mittels der Almosen, um die sie bitten u. s. w.). 4.) *Zusammenfassung:* Mich entsprechend der Regel und den früheren Vorsätzen verhalten, besonders was mein Verbleiben in Beni-Abbès, den Schlaf und die herzlichen Beziehungen zu den Ungläubigen betrifft.

Kap. IV [Gelübde] – 1.) *Beachten:* ,,Keiner von euch kann mein Jünger sein, der sich nicht von allem löst, was er besitzt."[8] ...Als sehr eifriger Kleiner Bruder vom Heiligsten Herzen Jesu leben, als hätte ich dafür Gelübde abgelegt. 2.) *Gewissenserforschung:* Habe ich mich genügend von allem losgesagt? Habe ich meine Aufgaben als Kleiner Bruder vom Heiligsten Herzen Jesu gut erfüllt? ... Steigt der Wohlgeruch von Gebet, Buße, Tugenden, Leben nach dem Evangelium, Nachahmung Jesu, Heiligkeit, Nächstenliebe, universaler Brüderlichkeit, der von einer Bruderschaft ausgehen müßte, von dieser hier empor? 3.) *Vorsätze:* Die Regel und die früheren Vorsätze befolgen, besonders was das Gebet betrifft, die Disziplin, die Ernährung, die heilige Armut, die guten Werke, den Schlaf und die herzlichen Beziehungen mit den Ungläubigen. 4.) *Zusammenfassung:* Auf vollkommene Weise die Regel und die früheren Vorsätze befolgen, besonders was die übernatürliche Liebe zu Jesus im Nächsten betrifft, die guten Werke, den Schlaf und die herzlichen Beziehungen zu den Ungläubigen.

Kap. V [Gehorsam] – 1.) *Beachten:* ,,Bleibet in mir, so bleibe ich in euch. Wer in mir bleibt und in wem ich bleibe, der trägt viel Frucht."[9] ... Alle Punkte der *Regel binden uns nach dem Maß unserer Liebe.* 2.) *Gewissenserforschung:* Habe ich genügend die Regel befolgt: In Gebet? Buße? Körperlicher Arbeit? Zeiteinteilung? Heilige Armut? Schlaf? Ernährung? Lektüre? Gute Werke? Inneres geistliches Leben? Eifer für die Menschen? 3.) *Vorsätze:* Sehr genau die Regel und die früheren Vorsätze befolgen, besonders was die körperliche Arbeit angeht, den Schlaf, die guten Werke, die herzlichen Beziehungen zu den Ungläubigen. 4.) *Zusammenfassung:* Sehr genau die Regel und die früher gefaßten Vorsätze befolgen, besonders was den Schlaf betrifft, die guten Werke, die körperliche Arbeit, die herzlichen Beziehungen zu den Ungläubigen.

Montag, 30. November, Fest des heiligen Andreas

Kap. VI [Heilige Armut] – 1.) *Beachten:* ,,Keiner von euch kann mein Jünger sein, der sich nicht von allem löst, was er besitzt."[10] ... Es ist uns nicht erlaubt, um Gaben zu bitten, weder in Naturalien noch in Geld, es sei denn, a) um Gründungen vorzunehmen, b) im Fall dringender Not bei uns oder beim Nächsten. 2.) *Gewissenserforschung:* Steht die körperliche Arbeit in der Bruderschaft in Einklang mit der Regel und der Armut? ... Waren die erbetenen Dinge alle dringend notwendig? ... Stehen Nahrung, Einrichtung, Kleidung im Einklang mit der Armut? 3.) *Vorsätze:* Prüfen, was der Bruderschaft und meinem persönlichen Gebrauch dient, und was zu viel ist, möglichst schnell weggeben ... In bezug auf die körperliche Arbeit der Regel, der Nachahmung Jesu und der heiligen Armut sehr treu sein ... In bezug auf Nahrung und Kleidung die Regel befolgen ... Aufpassen, daß ich keine großen oder kleinen Bitten stelle, außer wenn ich oder andere es dringend nötig haben. 4.) *Zusammenfassung:* Die Regel im

Geist der Nachahmung Jesu sehr getreu befolgen, besonders in bezug auf die körperliche Arbeit, auf Armut, Ernährung, Kleidung, gute Werke ... Aufpassen, daß ich keine großen oder kleinen Bitten stelle, außer wenn ich oder ein Nächster in große Not geraten sind ... Alles durchsehen, was der Bruderschaft gehört, und alles weggeben, was zu viel ist.

Kap. VII [Klausur] – 1.) *Beachten:* ,,Er zog mit ihnen hinab und kam nach Nazaret.``[11] ... ,,Als Jesus die Menge um sich sah, gab er Weisung, ans andere Ufer überzufahren.``[12] 2.) *Gewissenserforschung:* Habe ich in der Vergangenheit und in meinen Plänen die Klausur treu genug gewahrt? ... Habe ich sie Frauen gegenüber genügend eingehalten? ... Gibt es etwas zu tun für die vollständige Klausur der Bruderschaft oder für den Umkreis der fünf Höfe? ... Der Umgang mit den Leuten im Haus. 3.) *Vorsätze:* Im Hinblick auf die Klausur genau die Regel befolgen; folglich sie nur verlassen, um Schwerkranke zu besuchen, um mich endgültig an einem anderen Ort niederzulassen oder um selbst die nötigen Sakramente zu empfangen ... Wenn keine Notwendigkeit vorliegt, keine Frauen eintreten lassen, sie nur in dem von der Regel festgelegten Rahmen übernachten lassen ... Mich sehr um die geistlichen und weltlichen Belange der Leute im Haus sorgen ... Die allgemeine und die besondere Klausur der Gebäude einrichten, aber mit gemäßigter Eile, nicht mit übertriebener Geschäftigkeit. Mich dabei von den Ereignissen leiten lassen. 4.) *Zusammenfassung:* Der Regel in allem sehr treu sein, besonders in bezug auf die Klausur, das heißt auf das Hinausgehen, auf das Eintreten von Frauen, auf den Bau der Schranken und auf die Verkündigung des Evangeliums an die Leute im Haus.

Kap. VIII [Gebet] – 1.) *Beachten:* ,,Du sollst Gott lieben aus deinem ganzen Herzen, aus deiner ganzen Seele und all deinem Sinnen und Denken.`` – Das ist das ,,erste Gebot``[13]. ,,Jesus begab sich auf den Berg, um zu beten, und betete die

Nacht über zu Gott"[14]. „Vater unser im Himmel, geheiligt werde dein Name. Dein Reich komme. Dein Wille geschehe, wie im Himmel so auf Erden. Unser tägliches Brot gib uns heute"[15] ... „Eines nur ist nötig"[16] ... 2.) *Gewissenserforschung:* Ist das Gebet, das aus der Bruderschaft aufsteigt (aus dem Herzen und von den Lippen dieses Sünders, den Jesus zu seinem Priester gemacht hat), wirklich so, wie es sein soll? 3.) *Vorsätze:* Innerlich und äußerlich viel besser beten – innerlich, indem ich die Zerstreuungen verjage und alles tue, um voller Liebe und Eifer zu sein; äußerlich, indem ich die Regel und die früheren Vorsätze in bezug auf die Regelmäßigkeit und den Schlaf befolge. 4.) *Zusammenfassung:* Sehr genau die Regel und die früheren Vorsätze befolgen, besonders was Gebet und Schlaf betrifft. Jesus anflehen, daß er mir hilft, ihn zu lieben, ihm zu gehorchen, ihn nachzuahmen.

Kap. IX [Heiliges Meßopfer] – 1.)*Beachten:* „Dies ist mein Leib ... dies ist mein Blut"[17]. 2.) *Gewissenserforschung:* Sind Messe, Danksagung, Vorbereitung, Zueignung, entfernte Vorbereitung, entfernte Danksagung so, wie sie sein sollen? 3.) *Vorsätze:* Die Regel und die früheren Vorsätze sehr genau befolgen, besonders was das Gebet, den Schlaf und die übernatürliche Sicht von Jesus im Nächsten betrifft. Die halbe Stunde stillen Gebets, die der Messe unmittelbar vorausgeht, der Vorbereitung widmen; versuchen, nach der verpflichtenden halben Stunde Danksagung immer noch eine ganze Stunde Anbetung zu halten ... Immer den ...[18] von Weihnachten vor Augen haben, was die Messe ja ist. 4.) *Zusammenfassung:* Sehr genau die Regel befolgen ... Immer das Weihnachtsgeheimnis vor Augen haben, das die Messe ist; es nie versäumen, sehr oft während des Tages durch Geistliche Kommunionen die Kommunion der Messe zu erneuern (unter anderem jedesmal wenn ich in die Kapelle eintrete) ... Versuchen, vor der Messe eine halbe Stunde inneres Gebet zu halten, um mich auf sie vorzubereiten, danach eineinhalb Stunden inneres Gebet halten, um den göttlichen Gast anzubeten ... Die Danksagung soll nach der Messe den ganzen Tag weitergehen; die Vorbereitung soll den ganzen Teil des Tages dauern, der der Messe vorausgeht.

Kap. X [Beichte und Kommunion der Brüder] – 1.) *Beachten:* „Ich bin in meinem Vater und ihr in mir und ich in euch!“[19] – „Der Bräutigam kommt“[20]. 2.) *Gewissenserforschung:* Kommuniziere und beichte ich so, wie es sein soll? 3.) *Vorsätze:* Bei der Messe, nach dem Empfang jeder der beiden Gestalten einen Augenblick innehalten; keine Angst haben, diese Pause ein wenig zu verlängern; sehr genau die Regel befolgen, besonders bezüglich Gebet, Schlaf, Vorbereitung auf die Messe und Danksagung. 4.) *Zusammenfassung:* Genau die Regel und die früheren Vorsätze befolgen, besonders in bezug auf Gebet, Schlaf, Vorbereitung auf die Messe und Danksagung.

Kap. XI [Geistliche Führung der Brüder] – 1.) *Beachten:* „Wer euch hört, hört mich“[21]. 2.) *Gewissenserforschung:* Habe ich mich genügend an meinen geistlichen Führer gewandt? 3.) *Vorsätze:* Öfter an Abbé Huvelin schreiben und ihm den Zustand meiner Seele, meines Gewissens, sowie meine Unentschlossenheit darlegen. 4.) *Zusammenfassung:* Sehr gut die Regel befolgen, besonders was die Führung betrifft, die ich erhalten soll.

Kap. XII [Erklärung des heiligen Evangeliums, Katechismus, Jahresexerzitien] – 1.) *Beachten:* „Folge mir!“[22] 2.) *Gewissenserforschung:* Sind die Auslegung des Evangeliums, die Jahresexerzitien so, wie sie sein sollen? 3.) *Vorsätze:* Die Auslegung des Evangeliums besser vorbereiten. Sehr streng die Exerzitien machen ... Wenn ich allein bin, an Stelle des sonntäglichen Katechismus zur gleichen Zeit ein Stück Moraltheologie lesen. 4.) *Zusammenfassung:* Genau die Regel befolgen, besonders in bezug auf die Auslegung des Evangeliums (sorgfältige Vorbereitung), den sonntäglichen Katechismus (wenn ich allein bin, ihn durch die Lektüre eines theologischen Werkes ersetzen) und die Jahresexerzitien (sie mit großer Sammlung halten).

Kap. XIII [Andachts- und Bußübungen der Gemeinschaft und der einzelnen] – 1.) *Beachten:* ,,Wer nicht sein Kreuz nimmt und mir nachfolgt, ist meiner nicht wert."[23] – ,,Wenn das Salz schal wird, taugt es nichts mehr, man wirft es weg, und es wird von den Leuten zertreten."[24] – ,,Wenn das Weizenkorn nicht stirbt, bleibt es für sich allein."[25] – ,,Er fastete vierzig Tage und vierzig Nächte lang."[26] ... ,,Jesus begab sich auf den Berg, um zu beten, und betete die Nacht über zu Gott."[27] – ,,Diese Art Dämonen kann nur durch Gebet und Fasten ausgetrieben werden."[28] 2.) *Gewissenserforschung:* Halte ich meine Nachtwachen, das Fasten, die Bußübungen, die Andachtsübungen so, wie es sein soll? 3.) *Vorsätze:* Sehr genau die Regel und die früheren Vorsätze befolgen bezüglich Schlaf, Disziplin; möglichst viel Zeit bei Jesus, dem Bräutigam, vor dem Allerheiligsten Altarssakrament verbringen. 4.) *Zusammenfassung:* Sehr genau die Regel und die früheren Vorsätze befolgen, besonders in bezug auf den Schlaf, die Disziplin, den Eifer, möglichst viel Zeit vor dem Allerheiligsten zu verbringen.

Kap. XIV [Priestertum] – 1.) *Beachten:* ,,Ich bin gekommen, um zu dienen und mein Leben zu geben."[29] – ,,Ich bin in eurer Mitte wie der Dienende."[30] – ,,Der gute Hirt gibt sein Leben hin für die Schafe."[31] – ,,Noch andere Schafe habe ich: auch die muß ich führen."[32] – ,,Feuer auf die Erde zu werfen."[33] 2.) *Gewissenserforschung:* Reichen mein Eifer für das Heil der Seelen und mein Bemühen um die notwendigen Kenntnisse aus? 3.) *Vorsätze:* Übernatürliche Sicht: Jesus in jedem Menschen; materielle Wohltaten im Einklang mit der Regel; geistliche Wohltaten: herzliche Gespräche besonders mit den Ungläubigen; die Intervalle entsprechend den früheren Vorsätzen verwenden (Notiz ins Brevier legen); sonntags dogmatische Theologie. 4.)*Zusammenfassung:* Die Regel und die früheren Vorsätze befolgen in bezug auf Nächstenliebe, Erkennen Jesu im Nächsten, Eifer, den Nächsten zu retten, materielle und geistliche gute Werke (besonders durch die herzlichen Gespräche), Verwendung der Intervalle; sonntags eine oder mehrere Stunden für dogmatische Theologie, den Ritus und die Liturgie verwenden. Notiz über die Zeiteinteilung ins Brevier legen.

Kap. XV [Feiertage] – 1.) *Beachten:* ,,Mühet euch nicht um die vergängliche Speise, sondern um jene Speise, die für das ewige Leben vorhält."[34] 2.) *Gewissenserforschung:* Habe ich mich sonn- und feiertags genügend der Arbeit enthalten? Veranlasse ich die anderen genügend, sich zu enthalten? 3.) *Vorsätze:* Dafür sorgen, daß weder ich, noch die Leute im Haus der Bruderschaft, noch die Nachbarn sonntags arbeiten. 4.) *Zusammenfassung:* Die Regel und die früheren Vorsätze befolgen; niemals an Sonn- und Feiertagen arbeiten oder andere die Arbeiten verrichten lassen; diese Tage vor dem Allerheiligsten verbringen.

Kap. XVI [Intervalle] – 1.) *Beachten:* ,,Suchet vor allem das Reich Gottes und seine Gerechtigkeit und dies alles wird euch dazugegeben werden."[35] ... ,,Mühet euch nicht um die vergängliche Speise, sondern um jene Speise, die für das ewige Leben vorhält."[36] 2.) *Gewissenserforschung:* Habe ich nie zu viel Zeit für die materiellen und zu wenig für die geistlichen Dinge verwendet? ... Habe ich die Intervalle immer verwendet, wie ich hätte sollen? .. War ich so viel wie möglich vor dem heiligen Sakrament? 3.) *Vorsätze:* Sehr genau die Regel und die früheren Vorsätze bezüglich der Intervalle befolgen, im Zweifelsfall immer den geistlichen Dingen, dem ,,besten Teil"[37], der schweigenden Sammlung zu Füßen Jesu, den Vorrang geben. 4.) *Zusammenfassung:* Sehr genau die Regel und die früheren Vorsätze befolgen, besonders was die Intervalle und ihre Verwendung betrifft; ihre genaue Einteilung schriftlich im Brevier bereithalten; im Zweifelsfall immer den geistlichen Übungen vor den praktischen Beschäftigungen den Vorzug geben ... Lieber zu Füßen des heiligen Sakraments sein, als mich entfernen; lieber die Zeit der Sammlung und des Gebets vermehren („den besten Teil") und die Zeit für das Äußerliche, das Materielle, und für das Wort verringern (nach dem Beispiel Jesu in Nazaret, in der Wüste, nach seinem Wort an Maria Magdalena).

Kap. XVII [Geistliche Lesung] – 1.) *Beachten:* „Du sollst Gott lieben aus deinem ganzen Herzen, aus deiner ganzen Seele und all deinem Sinnen und Denken – dies ist das erste und größte Gebot."[38] ... „Gehet hin in alle Welt und verkündet aller Schöpfung die Frohe Botschaft."[39] ... Die am besten angewandte Stunde in unserem Leben ist die, in der wir Jesus am meisten lieben. 2.) *Gewissenserforschung:* Habe ich der Lektüre die nötige Zeit gewidmet? Halte ich sie so, wie es sein soll? 3.) *Vorsätze:* Sehr genau die Regel und die früheren Vorsätze befolgen, besonders was die Lektüre angeht; eine Liste der Bücher aufstellen, die ich an Arbeitstagen bzw. an Festtagen zu lesen habe; diese Liste ins Brevier legen; bei diesem Lesestoff die heilige Teresa, Johannes vom Kreuz, Johannes Chrysostomos, Moraltheologie und dogmatische Theologie nicht vergessen. 4.) *Zusammenfassung:* Sehr genau die Regel und die früheren Vorsätze befolgen, die die Lektüre in den Intervallen und während der Mahlzeiten betreffen. Im Brevier eine Liste der Bücher haben, die ich an Arbeits- und Festtagen lesen soll (heilige Teresa, Johannes vom Kreuz, Johannes Chrysostomos, Moraltheologie und dogmatische Theologie). Die Lesung oft unterbrechen, um Geistliche Kommunion zu halten und Jesus anzubeten.

Kap. XVIII [Theologische Studien] – 1.) *Beachten:* „Du sollst Gott lieben aus deinem ganzen Herzen, aus deiner ganzen Seele und all deinem Sinnen und Denken – dies ist das erste und größte Gebot; das zweite ist ihm gleich: Du sollst deinen Nächsten lieben wie dich selbst. An diesen beiden Geboten hängt das ganze Gesetz."[40] 2.) *Gewissenserforschung:* Reichen meine theologischen Studien aus? Mache ich sie so, wie es sein soll? 3.) *Vorsätze:* Genau die Regel und die früheren Vorsätze in bezug auf die theologischen Studien befolgen; die Lektüre der Rituale, der Rubriken und der Zeremonien nicht unterlassen; während des Lesens oft die Seele zu Jesus erheben. 4.) *Zusammenfassung:* Genau die Regel und die früheren Vorsätze befolgen, die die Lektüre und das häufige Erheben der Seele zu Gott beim Lesen betreffen.

Kap. XIX [Schweigen] – 1.) *Beachten:* ,,Er zog mit ihnen hinab und kam nach Nazaret."[41] 2.) *Gewissenserforschung:* Sind meine Worte und meine Briefe so wie die von Jesus in Nazaret? Sind es zu viele? Reichen sie aus? Sind sie so, wie sie sein sollen? 3.) *Vorsätze:* Die Länge der Briefe (im allgemeinen) beschneiden, aber nicht die Anzahl; nicht lange mit den einzelnen sprechen (im allgemeinen) und meine Worte abwägen, um alles, was zu sagen ist, genau und kurz auszudrükken; beten (Geistliche Kommunion halten), bevor ich schriftlich oder mündlich jemanden anspreche ... Mehr als bisher von Gott, von Jesus sprechen ... Die Gespräche mit den kleinen Leuten vermehren, mit den Großen verkürzen ... In der Verlegenheit beten ... Im Zweifel schweigen. 4.) *Zusammenfassung:* Genau die Regel befolgen, was Worte und Briefe angeht ... Die Länge der einen wie der anderen (im allgemeinen) verkürzen, ohne ihre Anzahl zu verringern ... Bevor ich in Wort oder Brief jemanden anspreche, eine Geistliche Kommunion halten und Jesus bitten, mir die Worte einzugeben, die er selbst sagen würde ... In der Verlegenheit beten ... Im Zweifel schweigen.

Kap. XX [Trennung von der Welt] 1.) *Beachten:* ,,Mein Reich ist nicht von dieser Welt."[42] ... ,,Ich habe euch einem Manne verlobt, um euch Christus als reine Braut zuzuführen."[43] 2.) *Gewissenserforschung:* Bin ich genügend arm und losgelöst von den irdischen Gütern, habe ich nicht versucht, sie mir zu verschaffen, bin ich frei genug von dem, was auf Erden geschieht, frei genug von weltlichen Dingen, bin ich schweigsam genug, genug der Welt verloren, gekreuzigt und gestorben, habe ich in ausreichendem Maß den Geist der Welt verloren, ist meine Ganzhingabe an den Bräutigam genügend? … Wurde die Regel genügend eingehalten, die Leute von draußen zu bitten, sie sollten uns nicht von dem sprechen, was in der Welt vorgeht? Vergesse ich in ausreichendem Maß meine Vergangenheit, hülle ich sie genügend in Schweigen? Bekomme ich nicht manchmal Kleinigkeiten aus der Welt als persönliche Geschenke? Sind meine Gedanken, Worte und Werke genügend vom *Glauben* allein her geordnet und unabhängig von den Verhaltensweisen der Welt? Habe ich genügend Abstand von den politischen und weltlichen Geschäften? 3.) *Vorsätze:* Mich gern bestehlen lassen; das wenige, was ich habe, (wie Jesus) einem Dieb anvertrauen (dabei im übrigen versuchen, diesen Dieb zu bekehren); alles weggeben, was im Haus ist und weggegeben werden kann; Reisenden drei Tage lang (Gastfreundschaft) gewähren; an den Vorabenden der Feste den Armen geben, was ich kann; wenn man mir von weltlichen oder profanen Dingen erzählt, sagen, daß ich mich nur mit Gott beschäftige; das Schweigen über meine Vergangenheit besser wahren. 4.) *Zusammenfassung:* In allem, was dieses Kapitel betrifft, genau die Regel befolgen. Am letzten Tag der Exerzitien *noch einmal dieses Kapitel XX lesen* … Oft an Judas Iskariot denken und mit Freude und Liebe Jesus alles aufopfern, was mir gestohlen worden ist; alles weggeben, was man geben kann (das heißt, was nach der Regel nicht dableiben muß für die Sakristei, die Gäste oder für mich). An den Vortagen der Feste austeilen, den Fremden drei Tage lang Gerste geben.

Kap. XXI [Loslösung von allem außer Gott] – 1.) *Beachten:* ,,Gebt Gott, was Gott gehört.''[44] … ,,Du sollst Gott lieben aus deinem ganzen Herzen, mit der ganzen Seele und all deinen Kräften."[45] 2.) *Gewissenserforschung:* Bin ich frei genug von der ungeordneten Liebe zu den Geschöpfen, zu den materiellen Dingen, zu meinem Körper, zu meinem Geist, zu meiner Seele, zu meinem Willen, zu anderen Menschen, zu allem, was nicht Jesus ist? ... Begehe ich nicht einen *Diebstahl* an Jesus, wenn ich Teile meiner Zeit, meines Herzens, meines Geistes, meines Gedächtnisses anderen Dingen widme, die nicht er sind oder das, was er mir aufträgt: Diebstähle, die um so schwerer wiegen, da ich ihm diesbezüglich ein Versprechen abgelegt habe? 3.) *Vorsätze:* Genau darüber wachen, wie ich die Zeit nutze, darüber meine Gewissenserforschung machen. Am letzten Tag der Exerzitien noch einmal dieses Kapitel lesen. Sehr darauf achten, daß ich den materiellen Dingen nicht mehr Zeit und Aufmerksamkeit zuwende, als Jesus will; und in keiner Weise an ihnen hänge. 4.) *Zusammenfassung:* Sehr genau die Regel befolgen in bezug auf dieses Kapitel XXI; es am letzten Tag der Exerzitien noch einmal lesen ... Die besondere Gewissenserforschung über den Gebrauch der Zeit machen, um Gott nicht zu bestehlen ... An mir arbeiten, um mich von den materiellen Dingen zu lösen, indem ich jedem etwas gebe, der mich bittet, jedem ausleihe, der etwas borgen möchte; indem ich mich berauben lasse, ohne dem Bösen Widerstand zu leisten, und mir auch den Rock nehmen lasse von dem, der den Mantel will[46]; indem ich Freude daran finde, wenn man mich beraubt, weil ich dann Jesus ähnlich werde.

Kap. XXII [Gehorsam und Hingabe an unsere Mutter, die heilige Kirche] – 1.) *Beachten:* ,,Wer euch hört, hört mich."[47] 2.) *Gewissenserforschung:* Wird die Regel in diesem Punkt genügend befolgt? 3.)*Vorsätze:* Gleich am 1. Januar (es soll eine der ersten Handlungen des Jahres sein) den Peterspfennig[48] bereitlegen .. Diesem Kapitel der Regel treu sein. Der Kirche ergeben sein, nicht nur, indem ich für sie bete und ihr gehorche, sondern auch dadurch, daß ich mich für ihre Heiligung und ihre Entfaltung einsetze; den kirchlichen Vorgesetzten sehr treu folgen: viel für die Geistlichen und die Ordensleute beten; mich für alles einsetzen, was zur Entfaltung und Heiligung der Kirche beiträgt. 4.) *Zusammenfassung:* Treu die Regel befolgen in bezug auf dieses Kapitel: eifriger Gehorsam gegenüber den kirchlichen Vorgesetzten; Gebet und großer Eifer für die Kirche, die Geistlichen, die Ordensleute; eifrig zu allem beitragen, was geeignet ist, die Kirche zu entfalten und zu heiligen (in dem Maß, wie es die Regel erlaubt).

Kap. XXIII [Gehorsam gegenüber dem Bruder Prior] 1.) *Beachten:* ,,Wer euch hört, hört mich."[49] 2.) *Gewissenserforschung:* Bin ich gegenüber meinen Vorgesetzten und geistlichen Führern so, wie ich sein soll? Habe ich genügend mit meinen Händen gearbeitet? Habe ich genügend Zeit dem Gebet, der Lektüre, dem Studium gewidmet? 3.) *Vorsätze:* Sehr genau die Regel und die früheren Vorsätze befolgen; den geistlichen Arbeiten immer den Vorrang vor den praktischen geben; mit den Händen arbeiten, wenn die geistliche Arbeit abgeschlossen ist. 4.) *Zusammenfassung:* Die Regel und die früheren Vorsätze befolgen ... Den geistlichen Arbeiten Vorrang vor den praktischen geben; mit den Händen arbeiten, wenn die geistlichen Arbeiten beendet sind.

Kap. XXIV [Nächstenliebe innerhalb der Bruderschaft] 1.) *Beachten:* ,,Wer dich bittet, dem gib; und wer von dir borgen will, den weise nicht ab ... Wenn jemand dir den Rock nehmen will, so laß ihm auch den Mantel."[50] 2.) *Gewissenserforschung:* Sind meine Nächstenliebe und die übernatürliche Geisteshaltung, die in jedem menschlichen Wesen Jesus sieht, so, wie sie sein sollen? Erfülle ich meine Aufgabe als Gästebruder mit der erforderlichen Liebe, Milde, Innerlichkeit, indem ich Jesus in Nazaret nachahme und die Schönheit seiner Tugenden nach draußen sichtbar werden lasse? Habe ich bei diesen Aufgaben Jesus in mir leben und handeln lassen? 3.) *Vorsätze:* Genau die Regel befolgen, in diesem Kapitel und in allem; mich besonders bemühen, den Dienst als Sakristan so zu tun, wie ihn die Mutter Gottes getan hat, und den Dienst als Gästebruder so, wie ihn Jesus in Nazaret getan hat.[51] 4.) *Zusammenfassung:* Genau die Regel und die früheren Vorsätze befolgen, besonders was die Aufgaben als Sakristan und Gästebruder betrifft.

Kap. XXV [Demut innerhalb der Bruderschaft] – 1.) *Beachten:* ,,Ich bin sanft und von Herzen demütig."[52] 2.) *Gewissenserforschung:* Bin ich sanft, demütig genug, erforsche ich genügend mein Gewissen, habe ich genügend um Vergebung meiner Sünden gebeten? 3.) *Vorsätze:* Darin und in allem anderen genau die Regel befolgen; die Demut und Milde Jesu nachahmen; ihn in mir leben lassen; die Gewissenserforschung gut machen und um Vergebung bitten; mehr Wert auf das Wort ,,Vergib" im Vaterunser legen. 4.) *Zusammenfassung:* Die Regel und die früheren Vorsätze befolgen, besonders in bezug auf Demut und Milde; Jesus in seiner Demut und Milde nachahmen, *ihn in mir leben lassen* ... Die Gewissenserforschung gut machen.

Kap. XXVI [Liebevolle Pflege der kranken Brüder] – 1.) *Beachten:* ,,Ich möchte, daß man sich in diesem Kloster besonders um die Kranken kümmert, daß man es ihnen schön macht." 2.) *Gewissenserforschung:* Habe ich mich nicht zu sehr um meinen Körper gesorgt – zum Nachteil meiner Seele? 3.) *Vorsätze:* Sehr genau die früheren Vorsätze und die Regel befolgen, besonders was Schlaf, Ernährung und Bußübungen angeht. 4.) *Zusammenfassung:* Die Regel und die früheren Vorsätze befolgen.

Kap. XXVII [Nächstenliebe unter den verschiedenen Bruderschaften] – 1.) *Beachten:* ,,Wer dich bittet, dem gib ... und wer von dir borgen will, den weise nicht ab."[53] ... ,,Was ihr auch nur einem von meinen geringsten Brüdern getan habt, habt ihr mir getan."[54] 2.) *Gewissenserforschung:* Habe ich in diesem Punkt gut die Regel befolgt? 3.) *Vorsätze:* Die Regel befolgen. 4.) *Zusammenfassung:* Die Regel befolgen.

Kap. XXVIII [Nächstenliebe, Friede, Demut und Mut allen Menschen gegenüber] – 1.) *Beachten:* ,,Ich war hungrig, und ihr habt mir zu essen gegeben; ich war durstig, und ihr habt mir zu trinken gereicht. Was ihr auch nur einem von meinen geringsten Brüdern getan habt, habt ihr mir getan."[55] – ,,Des Menschen Sohn ist nicht gekommen, sich bedienen zu lassen, sondern zu dienen und sein Leben als Lösepreis für viele zu geben."[56] ... ,,Ich sende euch wie Lämmer mitten unter die Wölfe."[57] 2.) *Gewissenserforschung:* Habe ich wie das Herz Jesu alle Menschen in meinem Herzen getragen? Habe ich genügend auf meine Rechte verzichtet? Habe ich dem Bösen immer widerstanden? War ich genügend milde in Worten und Gedanken? Habe ich die Stelle der Regel vollkommen beachtet, die verbietet, Waffen zu haben?[58] Habe ich gegeben, wenn mich jemand um etwas bat, geliehen, wenn ich gefragt wurde, mein Brot den anderen gegeben? Habe ich mit den Armen meinen letzten Bissen geteilt wie die Witwe von Sarepta?[59] Bin ich genügend demütig und sanftmütig gegenüber allen, auch gegenüber den Bösewichten? Sehe ich deutlich genug in jedem Menschen eine Seele, die zu retten ist? Bin ich den Menschen gegenüber mutig genug? Habe ich genügend Mut, das Evangelium zu verbreiten? 3.) *Vorsätze:* Sehr genau die Regel und die früheren Vorsätze befolgen. Am letzten Tag der Exerzitien noch einmal dieses Kapitel XXVIII lesen. Mehr Jesus im Nächsten sehen. Zuvorkommender, demütiger und milder sein. 4.) *Zusammenfassung:* Die Regel und die früheren Vorsätze befolgen. Am letzten Tag der Exerzitien noch einmal das *Kapitel* XXVIII lesen. In den Beziehungen zum Nächsten eine mehr übernatürliche Gesinnung haben; mehr Jesus in jedem Menschen sehen, und ihre Seelen, die zu retten sind; mehr Gutes tun, materiell und geistlich, mehr Sanftmut.

Kap. XXIX [Nächstenliebe den anderen Menschen gegenüber – Geistliche Wohltaten] – 1.) *Beachten:* ,,Du sollst deinen Nächsten lieben wie dich selbst."[60] 2.) *Gewissenserforschung:* Tue ich für die Seele des Nächsten alles, wozu ich verpflichtet bin? 3.) *Vorsätze:* Sehr genau die Regel befolgen; mehr mit den Einheimischen sprechen, herzliche Beziehungen mit ihnen unterhalten; zu einem festen Zeitpunkt die Katechumenen kurz unterweisen, wobei alle mithören können, die wollen – nicht in der Kapelle. Jedes Jahr einige Monate in Akabli verbringen. 4.) *Zusammenfassung:* Die Regel sehr genau befolgen. Jeden Tag zu einem festen Zeitpunkt öffentlichen Unterricht für die Katechumenen halten, den alle hören können. Mehr mit den Einheimischen sprechen und herzliche Beziehungen mit ihnen unterhalten.

Kap. XXX [Nächstenliebe den anderen Menschen gegenüber – Materielle Wohltaten] – 1.) *Beachten:* ,,Was ihr auch nur einem von meinen geringsten Brüdern getan habt, habt ihr mir getan. Was ihr auch nur einem von den Geringsten nicht getan habt, habt ihr mir nicht getan."[61] ... ,,Wenn du ein Gastmahl geben willst, so lade nicht die reichen Freunde ein, sondern Lahme und Blinde."[62] 2.) *Gewissenserforschung:* Tue ich für die Armen, die Kinder, die obdachlosen Alten, die Reisenden, die Unglücklichen, was ich tun soll? Sehe ich Jesus im Nächsten? Ist die Bruderschaft ein Asyl, Zufluchtsort, Ort der Liebe, wie sie es sein soll? 3.) *Vorsätze:* Wenn man mich um Almosen, Gastfreundschaft oder sonst etwas bittet, das tun, was Gott tun würde (,,Ihr sollt vollkommen sein, wie euer himmlischer Vater vollkommen ist."[63]). Das heißt tun, was für die Menschen das Beste ist, und dabei immer zur Barmherzigkeit hin tendieren wie der himmlische Vater, ,,der seine Sonne aufgehen heißt über Böse und Gute und regnen läßt über Gerechte und Ungerechte."[64] 4.) *Zusammenfassung:* Die Regel sehr genau befolgen. Am letzten Tag der Exerzitien noch einmal das Kapitel XXX lesen ... Beim Almosengeben nicht die verschämten Armen vergessen, denen, die um etwas bitten, geben nach dem Wort: „Wer dich bittet, dem gib"[65], es sei denn, ich kann nicht, oder es gereicht den Bittenden sicher zum Schlechten (In diesem Fall ablehnen, wie Gott den nicht erhört, der um einen Stein bittet in dem Glauben, er bitte um Brot) ... Die Leute am Ort kennenlernen, um denen Gutes tun zu können, die es nötig haben, und mit allen herzliche Beziehungen unterhalten zu können.

Kap. XXXI [Geheiligte Handarbeit] – 1.) *Beachten:* „Ist er nicht des Zimmermanns Sohn?"[66] 2.) *Gewissenserforschung:* Habe ich genügend mit den Händen gearbeitet? Zu viel? So, wie ich soll? Schaue ich dabei auf Jesus? Verwalter für die weltlichen Geschäfte? 3.) *Vorsätze:* Genau die Regel befolgen, was die körperliche Arbeit angeht; erst alle geistliche Arbeit tun, bevor ich mit der praktischen Arbeit beginne; der praktischen Arbeit nie mehr Zeit widmen als die Regel erlaubt; nicht arbeiten, ohne zugleich auf Jesus zu schauen; versuchen, einen Verwalter für die weltlichen Geschäfte zu bekommen. 4.) *Zusammenfassung:* Die Regel und die früheren Vorsätze bezüglich der körperlichen Arbeit genau befolgen; immer alle geistlichen Pflichten und Aufgaben erfüllen, bevor ich mit den weltlichen beginne; den praktischen Arbeiten nie mehr Zeit widmen, als die Regel erlaubt; während der Arbeit auf Jesus schauen, versuchen, einen Verwalter für die weltlichen Geschäfte zu bekommen.

Kap. XXXII [Armut und Buße in der Nahrung] – 1.) *Beachten:* „Wenn das Weizenkorn nicht stirbt, bleibt es allein."[67] 2.) *Gewissenserforschung:* Verhalte ich mich in bezug auf Essen und Trinken so, wie ich soll? Habe ich den Gästen gegeben, wie ich es soll? 3.) *Vorsätze:* Genau die Regel befolgen und weiter wie bisher den Fremden, die nicht hier übernachten, drei Tage lang Nahrung geben ... Niemals Wein trinken, außer in den festgelegten Fällen. 4.– *Zusammenfassung:* Die Regel und die früheren Vorsätze genau befolgen. Den Fremden, die nicht in der Bruderschaft übernachten, wenigstens für die ersten drei Tage nach ihrer Ankunft zu essen geben.

Kap. XXXIII [Armut und Buße in der Kleidung] – 1.) *Beachten:* ,,Des Menschen Sohn hat nichts, wohin er sein Haupt legen könnte.''[68] – ,,Ein Jünger steht nicht über seinem Meister.''[69] 2.) *Gewissenserforschung:* Gehe ich nicht dem Leiden aus dem Weg? Habe ich genügend anzuziehen? Habe ich nicht zu viel? Ist meine Kleidung, wie sie sein soll? 3.) *Vorsätze:* Mich freuen, wenn ich leide. Genau die Regel befolgen. 4.) *Zusammenfassung:* Bezüglich der Kleidung treu die Regel befolgen. Streng überprüfen, was in der Bruderschaft vorhanden ist, und alles weggeben, was nicht notwendig ist oder der Regel nicht vollkommen entspricht.

Kap. XXIV [Armut und Buße in den Bauten] – 1.) *Beachten:* ,,Des Menschen Sohn hat nichts, wohin er sein Haupt legen könnte.''[70] 2.) *Gewissenserforschung:* Genügen die Gebäude der Bruderschaft? Sind sie zu groß? Sind sie so, wie sie sein sollen? 3.) *Vorsätze:* Die Regel und die früheren Vorsätze befolgen ... Nicht mehr bauen, es sei denn, man bietet es mir an oder ich bekomme Brüder. 4.) *Zusammenfassung:* Die Regel befolgen. Nicht mehr bauen, es sei denn, man bietet es mir an oder ich bekomme Brüder.

Kap. XXXV [Armut und Buße im Mobiliar] – 1.) *Beachten:* ,,Ist er nicht des Zimmermanns Sohn?[71] 2.) *Gewissenserforschung:* Habe ich nicht manches zu viel? Ist das Vorhandene so, wie es sein soll? Brauche ich etwas anderes? 3.) *Vorsätze:* Genau die Regel befolgen. Prüfen, was in der Bruderschaft vorhanden ist, und sofort weggeben, was zu viel ist ... Unterwegs immer die Bilder dabei haben, die in jeder Zelle sind; wenn die Reise etwas länger dauert, einen Kreuzweg mitnehmen.[72] 4.) *Zusammenfassung:* Die Regel befolgen ... Prüfen, was in der Bruderschaft vorhanden ist, und weggeben, was zu viel ist ... Kreuze, Bilder vom Heiligsten Herzen

Jesu aufhängen und die Orte segnen, wo das in der Bruder-schaft noch nicht geschehen ist ... Unterwegs die Bilder mit-nehmen, die in jedem Zimmer sind, bei einer längeren Reise einen Kreuzweg mitnehmen: Unterwegs ist immer mein Zimmer die Kirche.

Kap. XXXVI [Kapellen und Sakristeien] – 1.) *Beachten:* „Der Eifer für dein Haus hat mich verzehrt."[73] 2.) *Gewis-senserforschung:* Sind die Kapelle und die Sakristei genügend eingerichtet? Zu viel? Ist es gut so? Sind sie in Ordnung? 3.) *Vorsätze:* Genau die Regel befolgen, sehr zurückhaltend um die kleinen Dinge bitten, die noch fehlen; die Kirchenwä-sche und die Meßgewänder besser pflegen, sie in einem besse-ren Zustand halten. 4.) *Zusammenfassung:* Sehr genau die Regel befolgen in bezug auf Kapelle und Sakristei.

Kap. XXXVII [Name] – 1.) *Beachten:* „Wer mich vor den Menschen verleugnet, den werde ich auch vor meinem Vater im Himmel verleugnen." – „Zu jedem, der mich vor den Menschen bekennt, will auch ich mich bekennen vor meinem Vater im Himmel."[74] 2.) *Gewissenserforschung:* Bin ich *klein* genug, wirklich *Bruder* aller Menschen, genügend *erfüllt* von Liebe zu Gott und den Menschen? 3.) *Vorsätze:* Genau die Regel und die früheren Vorsätze befolgen, besonders was das Gebet angeht, die übernatürliche Sicht von Jesus im Näch-sten, die herzlichen Beziehungen zu allen, die materiellen und geistlichen guten Werke, die Demut, die heilige Selbstver-leugnung, den Schlaf, die Nachahmung Jesu. 4.) *Zusammen-fassung:* Sehr genau die Regel und die früheren Vorsätze be-folgen.

Kap. XXXVIII [Gründungen] – 1.) *Beachten:* „Seid klug wie die Schlangen und ohne Falsch wie die Tauben."[75] – „Das Verlorene retten."[76] ... „Was ihr auch nur einem von meinen geringsten Brüdern getan habt, habt ihr mir getan. Was ihr auch nur einem von den Geringsten nicht getan habt,

habt ihr mir nicht getan."[77] – „Geht hin, lehrt alle Völker halten, was ich euch geboten habe."[78] ... „Eine größere Liebe hat niemand, als wer sein Leben hingibt für seine Freunde."[79] ... „Folge mir!"[80] 2.) *Gewissenserforschung:* Bin ich unterwegs so, wie ich sein soll? Habe ich mitgenommen, was ich soll? Arbeite ich für die Gründungen, wie ich soll? 3.) *Vorsätze:* Die Regel befolgen bezüglich Reisen und Gründungen ... Auf den Reisen Sammlung, Gebet und Brevier. Für die Entscheidung, Reisen zu unternehmen oder zu unterlassen, die Regel befolgen ... Armut: eher ärmer als weniger arm sein, denn so wird die Gleichförmigkeit mit unserem Herrn besser gewahrt ... 4.) *Zusammenfassung:* Die Regel befolgen. Muß ich ins Tidikelt[81] reisen? Ins Tafilalet?[82]

Kap. XXXIX [Stundenplan] – 1.) *Beachten:* „Folge mir!"[83] ... „Du sollst Gott lieben aus deinem ganzen Herzen – dies ist das erste Gebot; das zweite ist ihm gleich: Du sollst deinen Nächsten lieben wie dich selbst."[84] 2.) *Gewissenserforschung:* Muß ich zur Mitternacht die Glocke läuten? Tue ich bezüglich Stundenplan, Läuten, Katechese, Verwendung der Zeit das, was ich soll? 3.) *Vorsätze:* Die früheren Vorsätze befolgen sowie die besondere Regelung bezüglich Brevier, Veni Creator um Mitternacht, Schlaf, Verwendung der Zeit. Um Mitternacht nicht die Glocke läuten. 4.) *Zusammenfassung:* Sehr genau die früheren Vorsätze und die Regel befolgen, besonders was den Stundenplan, die Regelmäßigkeit, den Schlaf, das Gebet, das Veni Creator um Mitternacht angeht.

Kap. XL [Ende des Exils] – 1.) *Beachten:* „Eine größere Liebe hat niemand, als wer sein Leben hingibt für seine Freunde."[85] 2.) *Gewissenserforschung:* Habe ich mich genügend auf das Martyrium vorbereitet? 3.) *Vorsätze:* Genau die Regel und die früheren Vorsätze befolgen ... Wenn ich kann, ins Tafilalet gehen[86] ... Die Inschrift „Lebe so, als müßtest du heute als Märtyrer sterben" immer bei mir haben und in die Zellen der Brüder hängen. 4.) *Zusammenfassung:* Sehr genau die Regel und die früheren Vorsätze befolgen; wenn ich kann, ins Tafilalet gehen; die Inschrift „Lebe so, als müßtest du heute als Märtyrer sterben" immer bei mir haben und in die Zellen der Brüder hängen.

Vorsätze aus den Exerzitien

– Genau die Regel und die früheren Vorsätze und Versprechen befolgen, besonders was das Gebet betrifft, die Nachtwachen, die geistlichen und materiellen guten Werke, den Tagesplan, die körperliche Arbeit.
– Den Schlaf regeln.
– Die materiellen Hilfeleistungen regeln (Das tun, was der „himmlische Vater" tun würde, das heißt: was den Seelen am meisten nützt) ... In jedem Menschen Jesus sehen.
– Die geistlichen Hilfeleistungen regeln (herzliche Beziehungen und Gespräche mit allen, jeden einzelnen mit seinen Problemen kennenlernen; herzliche Beziehungen mit allen Einheimischen unterhalten; jeden Tag zu einer festen Zeit die Katechumenen außerhalb der Kirche unterweisen, wobei alle mithören können.
– Möglichst viel Zeit vor der heiligen Hostie verbringen (vor allem die Zeit, die dem Schlaf abgezogen wird, ganz in Anbetung dort verbringen).
– Die körperliche Arbeit regeln (Verwendung der Zeit: a) für geistliche Übungen die Zeit, die im Stundenplan vorgeschrieben ist, sodann die Zeit, die dem gewöhnlichen Schlaf genommen wird; b) für die geistlichen oder praktischen Aufgaben, die aus Gehorsam oder Nächstenliebe zu tun sind, so viel Zeit wie notwendig aufwenden, und zwar von der Zeit für die körperliche Arbeit und, wenn das nicht genügt, vom Schlaf; c) für die körperliche Arbeit den Rest der Zeit, die für die körperliche Arbeit vorgeschrieben ist).

– Nicht um Geschenke bitten, es sei denn in großer eigener oder fremder Not.

– Durchsehen, was in der Bruderschaft vorhanden ist, und weggeben, was zu viel ist.

– Den Leuten im Haus sorgfältig das Evangelium verkünden.

– Jesus inständig um Hilfe bitten, daß ich ihn lieben, ihm gehorchen und ihn nachahmen kann.

– Wenn möglich eine halbe Stunde inneres Gebet vor der Messe haben und eineinhalb Stunden danach.

– Die Schriftauslegung jedesmal vorbereiten.

– Disziplin.

– Sonntags eine bestimmte Zeit der dogmatischen Theologie, dem Rituale und den kirchlichen Studien widmen.

– Disziplin.

– Sonn- und feiertags weder arbeiten noch andere arbeiten lassen, sondern vor dem Allerheiligsten verweilen.

– Ins Brevier Notiz über die Verwendung der Zeit einlegen.

– Ins Brevier Notiz mit allen Gelübden, Versprechen und Vorsätzen einlegen.

– Ins Brevier die Lektüre für Werk- und Feiertage einlegen.

– Vertraulicher Umgang, Gleichheit, Demut mit den kleinen Leuten; Armut und Erniedrigung des Arbeiters, der der Sohn Marias war.

– Im Zweifelsfall vorziehen: die geistlichen Übungen den praktischen Beschäftigungen; die Anwesenheit vor dem Tabernakel dem Fernbleiben vor ihm; die Einsamkeit und das Schweigen der Gesellschaft und dem Wort; den Vorteil anderer dem eigenen Vorteil.

– Lektüre während der Mahlzeiten.

– Die Länge der Gespräche und Briefe verringern (im allgemeinen), nicht ihre Zahl; bevor ich jemanden anspreche (durch Wort oder Brief), eine Geistliche Kommunion halten und Jesus bitten, er möchte mir helfen, zu tun, was er tun würde, er möchte durch mich sprechen oder schreiben ... In der Verlegenheit: beten.

– Sonntags oft die Kapitel XX, XXI, XXVIII, XXX lesen.

- Jedesmal, wenn ich vor das heilige Sakrament komme, eine Geistliche Kommunion halten.
- Den Unbekannten, die vorbeikommen und an der Tür um Almosen betteln, drei Tage hintereinander Gerste geben.
- Besondere Gewissenserforschung über die Verwendung der Zeit, um den Bräutigam nicht zu bestehlen.
- Mich von allem lösen, was nicht der Bräutigam ist, indem ich mich gern bestehlen, ausplündern, verraten lasse; indem ich es gern geschehen lasse, daß man etwas von mir leiht, ohne es zurückzugeben, daß man mir etwas nimmt, was mir gehört, daß man mich verhöhnt und sich über mich lustig macht.
- Oft an Iskariot denken und Gott danken, wenn er mir einen solchen gibt.
- Für die „Priester-Apostel", die „Familie des Herzens Jesu", die Trappisten, die Klarissen, die Weißen Väter tun, was mir möglich ist: durch Gebet und auf jede Weise, die Gott will.
- Mich auf die Gelübde der „Familie des Heiligsten Herzens" vorbereiten, indem ich den Text bis Weihnachten täglich lese und die Gelübde in der Mitternachtsmesse voller Liebe ablege.
- Die Gewissenserforschung gut machen.
- Übernatürliche Sicht des Nächsten. In jedem Menschen ein Glied am Leibe Jesu sehen, das gerettet werden muß.
- Milde im Umgang und Gespräch mit dem Nächsten.
- Almosen für die verschämten Armen.
- Immer auf Jesus schauen, bei der Arbeit, beim Lesen, beim Sprechen, immer.
- Versuchen, einen Verwalter für die weltlichen Geschäfte zu bekommen.
- Unterwegs aus meinem Zimmer eine Kirche machen: Es bei der Ankunft segnen, die Bilder und das Weihwasser aufstellen.
- Segnung und Bilder für die Stellen der Bruderschaft, die sie noch nicht haben.

– Ins Tidikelt, wenn möglich auch ins Tafilalet[87] gehen, wenn kein anderer Priester dorthin gehen kann, um Jesus in der heiligen Hostie hinzutragen, wie Maria ihn zu Elisabeth brachte (in der frohen Hoffnung, dort den Boden zu befruchten, indem ich dem Bräutigam das Zeichen der größten Liebe gebe).

– Treu das Veni Creator um Mitternacht beten.

– Die Vorsätze der letzten drei Monate durchsehen und, wenn nötig, Notizen machen.

– Unterwegs treu Brevier, Engel des Herrn und Veni Creator beten, wenn möglich zu den festgelegten Zeiten.

– Brevier und Messe zu den Zeiten des Stundenplans, treu und zu jeder Zeit.

– Zwei Exemplare Regeln der Kleinen Brüder und der Kleinen Schwestern abschreiben.

– Die Inschrift „*Lebe so, als müßtest du heute als Märtyrer sterben*" in allen Zellen der Brüder anbringen und ständig bei mir haben.

Zusammenfassung der Vorsätze aus den Exerzitien

„*Folge mir!*"[88]

Alles, was mir durch die Regel der Kleinen Brüder vom Heiligsten Herzen Jesu und durch meine eigenen Gelübde, Versprechen und Vorsätze vorgeschrieben ist, aufs treueste beachten.

NB: Besonders auf die Art und Weise achten, wie ich die Frömmigkeitsübungen ausführe, die Nachtwachen, die herzlichen Beziehungen mit den Einheimischen, die geistlichen und materiellen guten Werke, die geheiligte Arbeit der Hände.

Ende der Jahresexerzitien 1904 (eineinhalb Monate im voraus) am Freitag, dem 18. Dezember 1903, am Fest der Erwartung[89] der Jungfrau Maria.

Cor Jesu sacratissimum,
adveniat regnum tuum!

Heiligstes Herz Jesu, in deine Hände lege ich mich und diese Vorsätze; ich bitte dich, daß diese Exerzitien und jeder Augenblick meines Lebens zu deiner größeren Ehre gereichen. Mutter der Immerwährenden Hilfe, meine Mutter, ich gebe mich für immer in deine Hände, damit du im Leben, im Tod und in der Ewigkeit immer das aus mir machst, was du willst, und mich in diesem und im anderen Leben auf deinen Armen trägst, wie du das Jesuskind getragen hast, geliebte Mutter! Heiliger Josef, heilige Maria Magdalena, selige Margareta Maria*, mein heiliger Schutzengel, ich stelle diese Exerzitien und mich selbst für immer unter euren Schutz. Amen.

Cor Jesu sacratissimum,
adveniat regnum tuum!

19. Dezember, Samstag nach dem dritten Adventssontag.

---

* Margareta Maria Alacoque wurde im Jahr 1920 heiliggesprochen.

Exerzitien in Ghardaia, Ende 1904

Seit Mitte Janaur 1904 war Bruder Karl im Süden Algeriens unterwegs, im November kommt er in Ghardaia an, dem Sitz eines Bischofs, des Apostolischen Präfekten der Sahara, Pater Guérin. Ihn hatte er Pfingsten 1903 zuletzt gesehen. – Wie paßt diese Wanderschaft zur Berufung Bruder Karls?

Er erklärt in einem Brief an seinen Freund Henry de Castries, warum er bei dem ,,Werk der Verbrüderung'', das Oberst Laperrine im Süden verfolgt, auf seine Weise mitwirkt: ,, Sich als Bruder erweisen, immer wieder sagen, daß wir in Gott alle Brüder sind und daß wir hoffen, alle einmal in den gleichen Himmel zu kommen; für die Tuareg von ganzem Herzen beten – darin besteht mein Leben ... An sich bin ich zur Einsamkeit berufen, zur Seßhaftigkeit, zum Schweigen. Wenn ich aber glaube, daß ich manchmal ausnahmsweise zu etwas anderem berufen sei, so kann ich nur sagen: ,Ecce ancilla Domini' (,Siehe, ich bin im Dienst des Herrn'). Die Liebe gehorcht immer, wenn sie Gott zum Gegenstand hat. ... Es ist eine Arbeit, die die Verkündung des Evangeliums vorbereitet, die Vertrauen und Freundschaft wecken soll." (G. Gorrée, Sur les traces du Père de Foucauld, Paris 1953, S. 168 f.)

Für Bruder Karl entsteht nun die Frage, wie diese Arbeit weitergeführt werden kann. Auf den Bericht hin, den er Bischof Guérin gibt, beabsichtigt dieser, Weiße Väter in den Süden zu entsenden. Darüber ist Bruder Karl sehr froh, denn ihn drängt es nach dieser langen Pilgerschaft und der Entdeckung eines so weiten ,,Arbeitsfeldes'', nun intensiv die Gründung und Entfaltung der geplanten Ordensgemeinschaft voranzutreiben.

Wieder geht Bruder Karl die 40 Kapitel seiner Regel durch, notiert daraus Schriftworte und Teile aus anderen Stellen, die ihm jetzt wichtig sind, schreibt dann Vorsätze und manchmal auch Fragen auf. Die Antworten zu diesen Fragen finden sich in der anschließenden ,,Gewissenserforschung über die Jahre 1902, 1903 und 1904 und über mein Leben in Beni-Abbès" (ab Seite 161). Die Treue zur Regel und die Gründung der Ordensgemeinschaft ziehen sich als Hauptanliegen durch die Vorsätze zu allen Kapiteln hindurch.

In [ ] stehen gelegentlich Ergänzungen aus dem Text der Regel, die der Übersetzer beifügte, um den Zusammenhang verständlich zu machen.

JAHRESEXERZITIEN 1905[2]

(In den ersten neun Adventstagen 1904)[3]

Sanctificetur nomen tuum[4]

Einführung[5]

– Der Gerechte wird aus dem Glauben leben.[6]
– Wer an mich glaubt, aus dem werden Ströme lebensspendenden Wassers fließen.[7]
– Wenn ihr Glauben habt und nicht zweifelt, wenn ihr zu diesem Berg sagt: ,,Hebe dich fort und stürze ins Meer!" – wird es geschehen. Alles, was ihr im Gebet erfleht, werdet ihr empfangen, wenn ihr glaubt.[8]
– Wie wünschte ich, daß es schon brenne![9]
– Wachet und betet mit mir![10]
– Er betete die ganze Nacht über.[11]
– Gehet ein durch die enge Pforte![12]
– Wenn das Weizenkorn nicht stirbt, bleibt es für sich allein; stirbt es hingegen, so bringt es reiche Frucht.[13]
– Einmal von der Erde erhöht, werde ich alle an mich ziehen.[14]
– Maria hat den besten Teil erwählt.[15]
– Damit sie eins seien, so wie wir eins sind: damit sie vollendet seien zur Einheit.[16]
– Ihr sollt dem Bösen nicht widerstehen![17]
– Wenn dich jemand auf die rechte Wange schlägt, so halte ihm auch die andere hin.[18]
– Wenn dir einer den Mantel nimmt, dem verwehre auch den Rock nicht.[19]
– Liebet eure Feinde, tut Gutes denen, die euch hassen![20]

– Damit Menschen eure guten Werke sehen und euren Vater im Himmel preisen.[21]
– Christianus alter Christus.[22]
– Ich heilige mich für sie, damit auch sie geheiligt seien.[23]
– Ein Beispiel habe ich euch gegeben, daß auch ihr einander tut, wie ich euch getan habe.[24]
– Folge mir nach![25]
– Wenn jemand mich liebt, so wird er mein Wort halten, und mein Vater wird ihn lieben; zu diesem werden wir kommen und Wohnung bei ihm nehmen.[26]
– Bemühen, *Jesus ständig nachzuahmen,* um seine getreuen Abbilder zu werden.
– Täglich vor dem Allerheiligsten den Rosenkranz beten.
– Von den weltlichen Geschäften, den politischen wie den materiellen, uns völlig fernhalten nach dem Beispiel des göttlichen Meisters, „dessen Reich nicht von dieser Welt ist".[27]
– Der Name „Bruder".

I [Nachahmung unseres geliebten Herrn Jesus]
– Komm und folge mir![28]
– Gehet hin in alle Welt und verkündet aller Schöpfung die Frohe Botschaft.[29]
– Der Jünger steht nicht über dem Meister; der aber ausgelernt hat, wird seinem Meister gleich sein.[30]
– Wer mir folgt, wird nicht im Finstern wandeln.[31]
– Folge mir nach![32]
– Wir werden uns in allem fragen, wie Jesus dachte, sprach, handelte ..., wie er denken, sprechen, handeln würde ...
[... unsere Seele der seinen gleichförmig zu machen, die ...]
– ganz verbrannt ist wie ein Brandopfer im Feuer der freiwillig angenommenen Leiden.
– ... ganz entflammt ist in Liebe zu den Menschen, die Gottes Ebenbild sind.
– ... gut ist, mild, liebevoll, barmherzig, wahr, demütig, einfach, mutig, keusch, losgelöst.
[Sein äußeres Tun nachahmen:]

– Armut. Buße. Sammlung. Liebe zur Einsamkeit, zur Un-
scheinbarkeit und zur Demut. Wohltätigkeit für die Seelen,
die Herzen und die Leiber. ... Leben, das dem Lieben, dem
Dienen und dem Erlösen geweiht ist.
– *Retten*, wie er der *Retter* war.

Vorsätze

Sanctificetur nomen tuum

– *Glaubensleben,* ganz innerlich und übernatürlich: Jesus
lebt in mir; Jesus sieht mich in jedem Augenblick seines irdischen Lebens; Jesus liebt mich, er hat es mir oft bewiesen; Jesus möchte, daß ich ihm folge, und er gibt mir die Kraft dazu:
,,Folge mir nach!" – ,,Wenn jemand mir dienen will, so folge
er mir."[33] Jesus möchte, daß ich daran arbeite, die Seelen zu
retten, und er gibt mir die Kraft und die Mittel dazu. Jesus ist
in jedem Menschen; jede Tat oder jede Unterlassung, die ich
einem Menschen gegenüber begehe, begehe ich Jesus gegenüber.
– *Nachtwachen* und *Fasten:* Jesus möchte, daß ich ihm folge
und sein Leben teile; er gibt mit die Kraft dazu.
– *Sterben* durch die *Abtötung* der Sinne, des Geistes, des Gedächtnisses, des Willens und meines ganzen Seins. Weil ich
nicht tot bin, bin ich allein; ich werde Frucht bringen in dem
Maß, wie ich ,,tot" und ,,von der Erde erhöht"[34] sein werde.
– Die *Demut und Sanftmut* des Lammes Gottes: ,,Ihr sollt
dem Bösen nicht widerstehen", ,,haltet auch die andere
Wange hin!"[35]
– Die *Loslösung und Entäußerung* Jesu: ,,Wenn dir einer den
Mantel nimmt, dem verwehre auch den Rock nicht!"[36] Wenn
ich Jesus liebe, dann hänge ich ausschließlich an ihm, an seinen Worten, seinem Beispiel, seinem Willen. Ihn besitzen,
ihm gehorchen, ihn nachahmen, eins sein mit ihm, mich in
ihm verlieren, indem ich meinen Willen in dem seinen verliere: All das ruft mir entgegen: völlige Loslösung von allem,

was nicht er ist. Allein an ihm hängen, nur ihn allein besitzen wollen. All das ruft: Loslösung. Seine Worte, seine Beispiele, sein Wille rufen: Loslösung.

– *,,Meine Feinde lieben, denen Gutes tun, die mich hassen"*[37], in Gedanken, Worten, Taten, besonders durch Almosengeben nach dem Beispiel des heiligen Petrus Claver.[38]

– *Große Wachsamkeit,* um in keiner Weise Ärgernis zu geben; bei allem aufbauend wirken; ,,den gelebten christlichen Glauben", das, was ein Christ ist, an mir sichtbar machen: ein Abbild Jesu. ,,Christianus alter Christus."

Deshalb *das Wort des heiligen Johannes vom Kreuz zum Maßstab meines ganzen Lebens machen:* ,,Mich bei allem danach fragen, wie Jesus sich verhalten würde, und genauso handeln."[39]

– *Nichts unternehmen, um Tod, Gewalttaten oder schlechter Behandlung zu entgehen,* denn ,,ihr sollt dem Bösen nicht widerstehen"[40], ,,sie gaben ihm Backenstreiche"[41] und ,,sie kreuzigten ihn".[42] – ,,Eine größere Liebe hat niemand, als wer sein Leben hingibt für seine Freunde."[43] ... Deshalb *nicht um Eskorten bitten, (wie Jesus) ohne Begleitschutz reisen, sooft man ihn mir nicht aufzwingt.*

– *Mit allen Kräften an meiner Heiligung arbeiten.* Das ist die beste Weise, Jesus nachzuahmen, der unendlich heilig war, ihm zu gehorchen: ,,Seid vollkommen!"[44], für ihn am Heil der Menschen zu arbeiten; man tut Gutes in dem Maß, wie man gut ist (wie der Hirte, so die Herde). Der Wert unserer Werke liegt in der inneren Gesinnung, von der sie ausgehen – unsere Werke zählen in dem Maß, wie sie Werke der Gnade, des Heiligen Geistes, wie sie Werke Jesu sind.

– Jesus Schritt für Schritt *folgen,* indem ich ihn nachahme und in allem an seinem Leben teilhabe wie die Apostel, wie Maria und Josef.

– *Unaufhörlich* Jesus in mir sehen, ,,der mit seinem Vater in mir wohnt".[45]

– *Unaufhörlich Jesus sehen, der mich in jedem Augenblick seines verborgenen Lebens sieht.*

– *Große Treue in allen von der Regel festgelegten Übungen der Frömmigkeit,* besonders im täglichen Rosenkranzgebet.
– *Vollkommener Abstand von den weltlichen Angelegenheiten, den politischen wie den materiellen, nach dem Beispiel Jesu, ,,dessen Reich nicht von dieser Welt war"*[46]. Nicht ein Wort des Evangeliums zeigt, daß er den Menschen dadurch Gutes tat, daß er sich um ihre weltlichen, politischen oder materiellen Angelegenheiten kümmerte; alles spricht davon, daß er sie über diese Dinge erhob und sie lehrte, nicht die Reiche der Welt, ihre Ehre und ihren Reichtum zu suchen, sondern das Reich Gottes und seine Gerechtigkeit. Tun wir ihnen nach *seinem Beispiel nicht das weniger Gute, indem wir ihnen bei ihren weltlichen Angelegenheiten behilflich sind, denn das hindert uns daran, ihnen weitaus mehr zu geben. Das können aber nur die vollbringen, die ,,von der Erde erhöht sind"*[47] *durch die Abtötung, die aus dem Glauben, aus der Hoffnung und der Liebe leben und sich so ganz Jesus ausgeliefert haben durch die Liebe, die Nachahmung, den Gehorsam und die vollkommene Vereinigung mit seinem Willen.*
– Noch mehr darauf bestehen, daß man mich *,,Bruder"* nennt.
– *Mich mit äußerstem Eifer darum bemühen, daß jeder Mensch Jesus liebt.* ,,Wie wünschte ich, daß es schon brenne!"[48] – ,,Verkündet aller Schöpfung die Frohe Botschaft!"[49] Dafür alles tun, was in meiner Macht steht. Das ist die Pflicht eines jeden Christen. ,,Du sollst deinen Nächsten lieben wie dich selbst!"[50]
– *Erniedrigung, Erniedrigung! Armut, Armut! Vertrautheit, Gleichheit mit den Armen!* ,,Ein Knecht ist nicht größer als sein Herr."[51] – ,,Ich habe euch ein Beispiel gegeben, damit ihr es befolgt."[52]
– *Abtötung, Abtötung! Buße, Tod!* Gerade wenn man am meisten leidet, heiligt man am meisten sich selbst und die anderen. ,,Wenn das Weizenkorn nicht stirbt, bringt es keine Frucht."[53] – ,,Wenn ich von der Erde erhöht sein werde, werde ich alle an mich ziehen."[54] Nicht durch seine göttli-

chen Worte, nicht durch seine Wundertaten, nicht durch das Gute, das er wirkte, sondern durch sein Kreuz rettet Jesus die Welt. Die fruchtbarste Stunde seines Lebens ist die Stunde seiner tiefsten Erniedrigung, seines Zunichtewerdens, die Stunde, in der er am tiefsten eingetaucht ist in Leid und Demütigung.

– *Sehr getreu mein ganzes Leben lang die Regel der Kleinen Brüder vom Heiligsten Herzen Jesu befolgen.*

– *Mein möglichstes tun für die Gründung der Kleinen Brüder und der Kleinen Schwestern vom Heiligsten Herzen Jesu.* Dazu: *Mich heiligen so viel ich kann, indem ich sehr getreu die Regel der Kleinen Brüder vom Heiligsten Herzen Jesu befolge, und beten.*

– Heiligstes Herz Jesu, dein Reich komme!

II [Immerwährende Anbetung des Allerheiligsten Altarsakramentes]
– Wachet und betet allezeit![55]

Vorsätze

– *Sehr getreu mein ganzes Leben lang die Regel der Kleinen Brüder vom Heiligsten Herzen Jesu befolgen.*

– *Mein möglichstes tun für die Gründung der Kleinen Brüder und der Kleinen Schwestern vom Heiligsten Herzen Jesu* (um so viel ich kann dazu beizutragen, daß das Allerheiligste Altarssakrament geehrt werde, und um die heilige Hostie, das Licht der Welt, an möglichst vielen Orten ausstrahlen zu lassen). Dazu: *Mich heiligen so viel ich kann, indem ich sehr getreu die Regel der Kleinen Brüder vom Heiligsten Herzen Jesu befolge, und beten.*

III [Niederlassung der Kleinen Brüder vom Heiligsten Herzen in den nichtchristlichen Ländern]

– Unser Vater im Himmel will, daß auch nicht eines von diesen Kleinen verlorengehe.[56]

– Geht hin in alle Welt und verkündet aller Schöpfung die Frohe Botschaft.[57]

– Wem viel anvertraut ward, von dem wird auch um so mehr verlangt.[58]

– Liebet einander, wie ich euch geliebt habe.[59]

– Ihn nachahmen, indem ich mit ihm „nicht die Gerechten" suche und rette, „sondern die Sünder", die „verirrten Schafe, das, was verloren war."[60]

– Den kränkesten dieser Menschen am meisten Gutes tun.

Vorsätze

– *Sehr getreu mein ganzes Leben lang die Regel der Kleinen Brüder vom Heiligsten Herzen Jesu befolgen* (um am Heil der Ungläubigen zu arbeiten, wie Gott es von mir möchte).

– *Mein möglichstes tun für die Gründung der Kleinen Brüder und der Kleinen Schwestern vom Heiligsten Herzen Jesu* (um so viel ich kann am Heil der Ungläubigen zu arbeiten; damit viele Menschen daran so arbeiten, wie Gott es von ihnen möchte). Dazu: *Mich heiligen so viel ich kann, indem ich sehr getreu die Regel der Kleinen Brüder vom Heiligsten Herzen Jesu befolge, und beten.*

IV [Gelübde]

– „Du sollst den Herrn, deinen Gott, lieben aus deinem ganzen Herzen, deiner ganzen Seele und mit allen deinen Kräften."[61]

– Dankbarkeit gegenüber Gott, der uns aus Gnade durch so enge Bande mit sich vereint hat; diese seligen Ketten, die uns mit dem Geliebten verbinden, lieben, sie eifrig und mit leidenschaftlicher Treue bewahren und sie ständig enger werden lassen.

Vorsätze

– *Sehr getreu mein ganzes Leben lang die Regel der Kleinen Brüder vom Heiligsten Herzen Jesu befolgen* (um so viel wie möglich zur Ehre Gottes beizutragen, indem ich mich ganz eng mit dem verbinde, wovon ich weiß, daß es sein Wille für mich ist).
– *Mein möglichstes tun für die Gründung der Kleinen Brüder und der Kleinen Schwestern vom Heiligsten Herzen Jesu* (um so viel ich kann zur Ehre Gottes zu arbeiten; damit viele Menschen Gott nach Kräften verherrlichen, indem sie sich ganz eng an seinen Willen binden). Dazu: *Mich heiligen so viel ich kann, indem ich sehr getreu die Regel der Kleinen Brüder vom Heiligsten Herzen Jesu befolge, und beten.*

Fragen

1.) – Soll ich von jetzt an als Kleiner Bruder vom Heiligsten Herzen Jesu leben? Antwort: siehe Seite 40.[62]
2.) – Wo sollen die Kleinen Brüder vom Heiligsten Herzen Jesu gegründet werden, wenn welche kommen? Antwort: siehe Seite 40.[63]
3.) – Wäre es nicht gut, eine möglichst große Gebetsgemeinschaft zu suchen, die durch ihre Gebete den Kleinen Brüdern und Schwestern vom Heiligsten Herzen Jesu bei ihrem Einsatz für das Heil der Seelen hilft? Antwort: Nein, im Augenblick nicht. Vielleicht später. Im Augenblick uns damit begnügen, die Völker, bei denen wir tätig sind, den bereits bestehenden Gebetsgemeinschaften anzuempfehlen.

V [Gehorsam]

– Er kam nach Nazaret und war ihnen untertan.[64]

– Gehet hin in alle Welt und verkündet aller Schöpfung die Frohe Botschaft.[65]

– Folge mir nach![66]

– Du sollst den Herrn, deinen Gott, lieben aus deinem ganzen Herzen, aus deiner ganzen Seele und all deinem Sinnen und Denken.[67]

– Der Gehorsam ist das Maß der Liebe: Leben wir in vollkommenem Gehorsam, um eine vollkommene Liebe zu haben.

– Hüten wir uns vor dem Sauerteig der Pharisäer, dem Eifer, Äußerlichkeiten zu beachten, der dann in Heuchelei ausartet. Hüten wir uns vor dem Sauerteig der Zöllner, vor der Trägheit und Lauheit.

– Gehorchen wir *liebevoll*, mit dem Eifer der Liebe und der geistigen Freiheit der Liebe, die weiß, daß ihr nicht nur Liebe wiedergeschenkt wird, sondern daß Gottes Liebe ihr zuvorkommt.

Vorsätze

– *Sehr getreu mein ganzes Leben lang die Regel der Kleinen Brüder vom Heiligsten Herzen Jesu befolgen* (um möglichst gut dem Willen Gottes über mich zu gehorchen).
Mein möglichstes tun für die Gründung der Kleinen Brüder und der Kleinen Schwestern vom Heiligsten Herzen Jesu (damit viele Menschen Gott nach Kräften verherrlichen, indem sie sehr getreu seinem Willen gehorchen). Dazu: *Mich heiligen so viel ich kann, indem ich sehr getreu die Regel der Kleinen Brüder vom Heiligsten Herzen Jesu befolge, und beten.*

VI [Heilige Armut]

– Ist er nicht der Zimmermann, der Sohn Marias?[68]
– Sie legte ihn in eine Krippe.[69]
– Es ist uns nicht erlaubt, um Almosen und Geschenke, gleich welcher Art, zu bitten, weder um große noch um kleine Dinge, weder in Naturalien noch in Geld, außer in zwei Fällen: 1.) um Gründungen vorzunehmen; 2.) im Fall einer *dringenden* und *außerordentlichen* Notlage *bei uns selbst oder beim Nächsten.*
– Es ist uns untersagt, etwas zu borgen, außer wenn es sich um sehr kleine Dinge oder geringe Summen handelt, wie die Armen.
– *Wir müssen von unserer Hände Arbeit leben.*

Vorsätze

– Zweimal im Jahr, am ersten Arbeitstag nach dem 2. Februar und am ersten Arbeitstag im Juli durchsehen, was in der Bruderschaft vorhanden ist und den Armen oder anderen Ordenshäusern all das geben, was nicht notwendig ist oder nicht der Armut Jesu in Nazaret entspricht.
– Viel zurückhaltender sein in den Bitten an meine Familie um Geld oder Naturalien; mich der Regel anpassen.
– Sehr zurückhaltend sein beim Anleihen von Geld, mich der Regel anpassen.
– *Sehr getreu mein ganzes Leben lang die Regel der Kleinen Brüder vom Heiligsten Herzen Jesu befolgen* (um gemäß dem Gelübde, das ich abgelegt habe, an der Armut Jesu von Nazaret teilzuhaben).
– *Mein möglichstes tun für die Gründung der Kleinen Brüder und der Kleinen Schwestern vom Heiligsten Herzen Jesu* (um so viel ich kann zur Ehre Gottes zu arbeiten, damit viele Menschen Gott verherrlichen, indem sie auf den Ruf Jesu hören und ihm in seiner Armut und seinem Leben von Nazaret nachfolgen). Dazu: *Mich heiligen so viel ich kann, indem ich*

sehr getreu die Regel der Kleinen Brüder vom Heiligsten Herzen Jesu befolge, und beten.

Fragen

1.) – Wie kann ich von meiner Hände Arbeit leben? Antwort: s. S. 35.[70]
2.) – Ist eine Erneuerung meines Lebens notwendig, in welcher Hinsicht? Antwort: s. S. 35.[71]
3.) – Müßte ich mich im Tuat[72], im Westen oder sonstwo an einem *einsameren* Ort niederlassen? Für die Brüder leichter erreichbar? Günstiger gelegen, um *beichten* zu gehen? Antwort: s. S. 35f., 40.[73]

VII [Klausur]
– Eins nur ist nötig; Maria hat den besten Teil erwählt.[74]

Vorsätze

– Sehr getreu mein ganzes Leben lang die Regel der Kleinen Brüder vom Heiligsten Herzen Jesu befolgen (um dem zurückgezogenen, dem verborgenen Leben Jesu in Nazaret, das Gott von mir möchte, treu zu sein).
Mein möglichstes tun für die Gründung der Kleinen Brüder und der Kleinen Schwestern vom Heiligsten Herzen Jesu (um so viel ich nur kann zur Ehre Gottes zu arbeiten, damit viele Menschen Gott verherrlichen, indem sie auf den Ruf Jesu hören und ihm in seiner Zurückgezogenheit und seinem Nazaretleben folgen). Dazu: *Mich heiligen so viel ich kann, indem ich sehr getreu die Regel der Kleinen Brüder vom Heiligsten Herzen Jesu befolge, und beten.*

Fragen

1.) – Muß ich meinen Vorsatz aus den Exerzitien vom Vorjahr *bezüglich der Reisen* aufrechterhalten oder nicht? Antwort: s. S. 40f.[75]

2.) – Reisen nach dem Westen, ja oder nein, wenn möglich? Antwort: s. S. 41.[76]

3.) – Reise nach dem Westen mit dem Gedanken unternehmen, Bruderschaft vielleicht weiter westlich zu errichten, oder nicht? Antwort: s. S. 41.[77]

4.) – Wenn ich allein in Beni-Abbès bin, in Mécheria[78] Beichte hören oder nicht? Wie oft? Antwort: s. S. 35.[79]

5.) – Wenn weder nach Taghit[80] noch nach Béchar[81] ein Priester kommt, um Beichte zu hören, und wenn ich auf dem Weg zur Beichte nicht dort vorbeikomme, muß ich dann eigens dorthin gehen? Und wie oft? Antwort: s. S. 41.[82]

6.) – Soll ich, wenn ich Ghardaia[83] verlasse, mich an einen Ort begeben, wo ich ein sehr zurückgezogenes Leben führen kann? Und dort die von der Regel vorgeschriebene Klausur beachten, als hätte ich meine Gelübde abgelegt (wobei ich den vor einem Jahr gefaßten Vorsatz hinsichtlich des Reisens als hinfällig ansehe)? Und mir dort nicht einmal einen Ausgang erlauben, der die Verlegung der Bruderschaft, z. B. weiter nach Westen, zum Ziel hätte? Antwort: s. S. 40f.[84]

7.) – Wenn ich in Beni-Abbès oder an einem ähnlichen Ort sein soll, wie kann ich dort dafür sorgen, daß ich zurückgezogener lebe? Antwort: s. S. 35, 39.[85]

VIII [Gebet]

– Bittet den Herrn der Ernte, daß er Arbeiter für seine Ernte einsetze.[86]

– Wachet und betet![87]

– Jesus ging auf einen Berg, um zu beten, und er verbrachte die Nacht im Gebet.[88]

– Eines nur ist nötig; Maria hat den besten Teil erwählt.[89]
– Wachet und betet allezeit![90]
– Bittet, so wird euch gegeben werden![91]
– Wenn es auch nicht verpflichtend ist: unsere Intervalle möglichst oft vor dem Allerheiligsten verbringen; unser Geliebter erlaubt uns, bei ihm zu bleiben, wie könnten wir ihn da verlassen?
– Wie Maria und Josef niemals unser Gebet und unser Schauen [auf Jesus] unterbrechen.

Vorsätze

– Sowohl unterwegs wie auch bei Aufenthalten sehr treu das viermalige Veni Creator, die Herz-Jesu-Litanei, das Weihegebet sprechen, die übrigen täglichen Übungen halten, welche die Regel vorschreibt, dazu jene, die ich mir für die Intervalle vorgenommen habe.
– Besser die Gegenwart Gottes, die Gegenwart Jesu bewahren. Dazu: 1.) sie zum Gegenstand der besonderen Gewissenserforschung machen; 2.) mir angewöhnen, bei allem Kommen und Gehen, auf allen längeren Wegen (soweit ich keine andere geistliche Übung verrichte) ständig das Ave Maria zu beten; dieses Beten ein für allemal dafür aufopfern, daß das umfassende Reich des Heiligsten Herzens Jesu komme.
– Überprüfen, wie ich meine Intervalle verwende; gegebenenfalls ändern.
– *Sehr getreu mein ganzes Leben lang die Regel der Kleinen Brüder vom Heiligsten Herzen Jesu befolgen* (um das Gebetsleben, das verborgene Leben Jesu in Nazaret zu führen, wie es Gott von mir möchte; um so gut ich kann das Allerheiligste Altarsakrament zu ehren).
– *Mein möglichstes tun für die Gründung der Kleinen Brüder und der Kleinen Schwestern vom Heiligsten Herzen Jesu* (um so viel ich kann zur Ehre Gottes zu arbeiten, damit viele Menschen Gott verherrlichen, indem sie auf den Ruf Jesu hören

und ihm in seinem Gebetsleben, seiner Anbetung, in seinem verborgenen Leben von Nazaret folgen). Dazu: *Mich heiligen so viel ich kann, indem ich sehr getreu die Regel der Kleinen Brüder vom Heiligsten Herzen Jesu befolge, und beten.*

IX [Heiliges Meßopfer]
– Seht das Lamm Gottes![92]
– Ich bin das Licht der Welt.[93]
– Seht, der Bräutigam kommt![94]

Vorsätze

– Bevor ich Ghardaia verlasse, noch einmal die Rubriken des Missale lesen.
– *Sehr getreu mein ganzes Leben lang die Regel der Kleinen Brüder vom Heiligsten Herzen Jesu befolgen* (damit ich mein ganzes Leben lang täglich in Sammlung und Zurückgezogenheit die heilige Messe feiern kann, in einem nichtchristlichen Land, vor dem ausgesetzten Allerheiligsten, wie ich hoffe, und in der Verwirklichung des Lebens von Nazaret, das Gott von mir möchte).
– *Mein möglichstes tun für die Gründung der Kleinen Brüder und Schwestern vom Heiligsten Herzen Jesu* (um so viel ich kann zur Ehre Gottes zu arbeiten, damit möglichst viele Menschen Gott verherrlichen, indem sie vor dem ausgesetzten Allerheiligsten die Messe feiern oder mitfeiern, in Sammlung und Zurückgezogenheit, in der Verwirklichung des Lebens von Nazaret, zu dem Gott sie berufen hat, damit durch die vielen Messen, die dort gefeiert werden, und die Gegenwart Jesu in zahlreichen Tabernakeln viele Gnaden über diese nichtchristlichen Völker kommen). Dazu: *Mich heiligen so viel ich kann, indem ich sehr getreu die Regel der Kleinen Brüder vom Heiligsten Herzen Jesu befolge, und beten.*

X [Beichte und Kommunion der Brüder]
– Ich bin das Licht der Welt.[95]

Vorsätze

– *Sehr getreu mein ganzes Leben lang die Regel der Kleinen Brüder vom Heiligsten Herzen Jesu befolgen* (um mein ganzes Leben in entlegenen nichtchristlichen Gebieten zu verbringen, damit es dort einen Tabernakel mehr gibt, damit Menschen, denen das sonst nicht möglich wäre, dort die Lossprechung und die Kommunion empfangen können, und damit durch den Tabernakel, die Sakramente und das Gnadenleben, das daraus entspringt, diese Gebiete geheiligt werden).

– *Mein möglichstes tun für die Gründung der Kleinen Brüder und Schwestern vom Heiligsten Herzen Jesu* (um so viel ich kann zur Ehre Gottes zu arbeiten, damit in entlegenen nichtchristlichen Gebieten viele Tabernakel errichtet werden, damit viele Menschen, denen das ohne diese Gründungen nicht möglich wäre, die Lossprechung und die Kommunion empfangen können und damit durch die Tabernakel und die in den Bruderschaften empfangenen Sakramente, durch das Gnadenleben, das daraus entspringt, diese Gebiete geheiligt werden). Dazu: *Mich heiligen so viel ich kann, indem ich sehr getreu die Regel der Kleinen Brüder vom Heiligsten Herzen Jesu befolge, und beten.*

XI [Geistliche Führung der Brüder]
– Ich suche nicht meinen Willen, sondern den Willen dessen, der mich gesandt hat.[96]
– Wenn ihr meine Gebote haltet, werdet ihr in meiner Liebe bleiben.[97]
– Man bittet um so mehr seinen geistlichen Führer um Rat, je

141

mehr es einem aus Liebe am Herzen liegt, den Willen Gottes zu tun.

– Einen guten geistlichen Führer um Rat fragen, ist das sicherste und von Gott bestätigte Mittel, um seinen Willen zu tun: ,,Wer euch hört, hört mich"[98].

Vorsätze

– Sehr treu meinen geistlichen Führer in allen kleinen und großen Unsicherheiten um Rat fragen.

– *Sehr getreu mein ganzes Leben lang die Regel der Kleinen Brüder vom Heiligsten Herzen Jesu befolgen* (um auf die beste Weise meinen geistlichen Führern zu gehorchen, die mir wiederholte Male im Namen Gottes erklärt haben, es sei Jesu Wille, daß ich mich der Nachfolge seines Lebens in Nazaret widme, und zwar unter den Moslems in entlegenen Gebieten).

– *Mein möglichstes tun für die Gründung der Kleinen Brüder und der Kleinen Schwestern vom Heiligsten Herzen Jesu* (um so viel ich kann zur Ehre Gottes zu arbeiten, damit viele Menschen möglichst gut ihrem geistlichen Führer gehorchen, der ihnen als Gottes Willen erklärt, sie sollen in entfernten Gebieten unter den Ungläubigen das Leben von Nazaret verwirklichen. Dazu: *Mich heiligen so viel ich kann, indem ich sehr getreu die Regel der Kleinen Brüder vom Heiligsten Herzen Jesu befolge, und beten.*

XII [Erklärung des heiligen Evangeliums, Katechismus, Jahresexerzitien]

– Kommt und seht![99]

– Durchforscht die Schrift.[100]

– Wenn jemand mir dienen will, so folge er mir![101]

– Folge mir nach![102]

– Nur eines ist notwendig: *Jesus zu gehorchen.*

– Den Geist Jesu haben.

– Von Tag zu Tag Jesus besser kennenlernen, ihn mehr lieben, ihn mit glühenderem Eifer nachahmen.
– Jesus *kennen*, ihn *lieben*, ihm *gehorchen*, ihn *nachahmen*.

Vorsätze

– Sehr treu täglich eine Betrachtung über das Evangelium halten, über den Abschnitt, der am Abend gelesen wird, wenn möglich schriftlich.
– Bei all meinen Betrachtungen über das Evangelium und die anderen Teile der Heiligen Schrift mich zwei Dinge fragen: 1.) Was ist die wichtigste Lehre in dem gelesenen Abschnitt? 2.) Worin zeigt sich hier am meisten Gottes Liebe zu den Menschen?
– *Sehr getreu mein ganzes Leben lang die Regel der Kleinen Brüder vom Heiligsten Herzen Jesu befolgen* (um so treu ich nur kann Jesus in seinem verborgenen Leben von Nazaret nachzuahmen; denn ich weiß, daß dies sein Wille für mich ist).
– *Mein möglichstes tun für die Gründung der Kleinen Brüder und der Kleinen Schwestern vom Heiligsten Herzen Jesu* (um so viel ich kann zur Ehre Gottes zu arbeiten, damit viele Menschen, die von Jesus gerufen sind, sein verborgenes Leben von Nazaret nachahmen, ihm gehorchen und dies sehr treu tun). Dazu: *Mich heiligen so viel ich kann, indem ich sehr getreu die Regel der Kleinen Brüder vom Heiligsten Herzen Jesu befolge, und beten.*

XIII [Andachts- und Bußübungen der Gemeinschaft und der einzelnen]
– Diese Art von Dämonen kann nur durch Fasten und Gebet ausgetrieben werden.[103]
– Fürchte dich nicht, glaube nur![104]
– Wie wünschte ich, daß es schon brenne![105]

– *Sehr getreu mein ganzes Leben lang die Regel der Kleinen Brüder vom Heiligsten Herzen Jesu befolgen* (um so gut ich kann die heilige Eucharistie, das Heiligste Herz, die Heilige Familie zu ehren; um der heiligen Kirche und dem Bischof von Rom gegenüber so ehrerbietig zu sein wie ich kann und ein Leben in Gebet und Fasten zu führen, wie es dem verborgenen Leben Jesu in Nazaret entspricht, das Gott von mir möchte).

– *Mein möglichstes tun für die Gründung der Kleinen Brüder und der Kleinen Schwestern vom Heiligsten Herzen Jesu* (um so viel ich kann zur Ehre Gottes zu arbeiten, damit viele Menschen die heilige Eucharistie, das Heiligste Herz, die Heilige Familie sehr ehren, der heiligen Kirche und dem Bischof von Rom gegenüber sehr ehrerbietig sind und ein Leben in Gebet und Fasten führen, wie es dem verborgenen Leben Jesu in Nazaret entspricht, das Gott von ihnen möchte). Dazu: *Mich heiligen so viel ich kann, indem ich sehr getreu die Regel der Kleinen Brüder vom Heiligsten Herzen Jesu befolge, und beten.*

XIV [Priestertum]

– Wer nicht mit mir sammelt, der zerstreut.[106]
– Du sollst deinen Nächsten lieben wie dich selbst![107]
– Wenn du ein Gastmahl gibst, so lade nicht die Reichen ein, sondern Arme, Krüppel, Lahme und Blinde.[108]
– Jesus, „der Erlöser".[109]
– „Lösepreis für viele."[110]

Vorsätze

– *Sehr getreu mein ganzes Leben lang die Regel der Kleinen Brüder vom Heiligsten Herzen Jesu befolgen* (um mein Priestertum dort hinzutragen, wo es für die Menschen am nützlichsten sein wird: in entlegene nichtchristliche Gebiete, wo es für die Gläubigen weder Priester noch Tabernakel noch Sakramente gibt, noch für die Ungläubigen die Gnadenwirkungen, die aus der heiligen Eucharistie und den Sakramenten herrühren; um mit der Ausübung des Priestertums das verborgene Leben von Nazaret zu verbinden, das Gott von mir möchte).

– *Mein möglichstes tun für die Gründung der Kleinen Brüder und der Kleinen Schwestern vom Heiligsten Herzen Jesu* (um so viel ich kann zur Ehre Gottes zu arbeiten, damit viele Priester ihr Priestertum dort ausüben, wo es für die Menschen am nützlichsten ist: in entlegenen nichtchristlichen Gebieten, um jenen Gegenden, die es am nötigsten haben, den entlegenen nichtchristlichen Gebieten die Wohltaten zu verschaffen, daß dort ständig das ausgesetzte Allerheiligste angebetet wird, viele heilige Messen gefeiert werden und Priester sich versammeln, die ein heiligmäßiges Leben in der Nachahmung des verborgenen Jesus von Nazaret führen). Dazu: *Mich heiligen so viel ich kann, indem ich sehr getreu die Regel der Kleinen Brüder vom Heiligsten Herzen Jesu befolge, und beten.*

XV [Feiertage]

Vorsätze

– Sowohl unterwegs wie bei Aufenthalten treu die arbeitsfreien Tage einhalten, die die Regel vorschreibt, ganz gleich wie drängend die Arbeit auch sei.
– *Sehr getreu mein ganzes Leben lang die Regel der Kleinen Brüder vom Heiligsten Herzen Jesu befolgen* (damit in nichtchristlichen, entlegenen Gegenden, wo niemand Jesus kennt, wo die größten Feste wie Weihnachten, Ostern, wo das ganze Jahr vergeht ohne eine Messe, ohne ein Gebet, ohne daß ein

Mund den Namen Jesus ausspricht, damit es in diesen Gegenden einen Tabernakel gibt, einen Priester, damit dort das heilige Opfer gefeiert wird und das Gebet der Kirche zum Himmel aufsteigt).

– *Mein möglichstes tun für die Gründung der Kleinen Brüder und der Kleinen Schwestern vom Heiligsten Herzen Jesu* (um so viel ich kann zur Ehre Gottes zu arbeiten, damit in nichtchristlichen, entlegenen Gebieten, wo niemand Jesus kennt, wo die größten Feste wie Weihnachten, Ostern, das ganze Jahr vergeht ohne eine Messe, ohne ein Gebet, ohne daß ein Mund den Namen Jesus ausspricht –, damit es in diesen Gebieten Tabernakel und Priester gibt, damit dort viele Messen gefeiert und die Sakramente empfangen werden, damit dort glühende Gebete zum Himmel aufsteigen und sich die Gnade des christlichen Lebens ausbreitet; damit auf vielen Altären die heilige Hostie ständig ausgesetzt und Tag und Nacht von frommen Ordensleuten angebetet wird). Dazu: *Mich heiligen so viel ich kann, indem ich sehr getreu die Regel der Kleinen Brüder vom Heiligsten Herzen Jesu befolge, und beten.*

Fragen

1.) – Wie steht es mit dem Meßdiener, wenn ich mich allein wieder nach Beni-Abbès oder anderswohin auf den Weg mache? Antwort: s. S. 35.[111]
2.) – Wie steht es mit dem Beichten, wenn ich mich allein wieder nach Beni-Abbès oder anderswohin auf den Weg mache? Antwort: s. S. 35.[112]

XVI [Intervalle]
– Du sollst den Herrn deinen Gott lieben aus deinem ganzen Herzen.[113]
– Nur eines ist nötig; Maria hat den besten Teil erwählt.[114]
– Solange uns sein Wille nicht irgendwo anders hin als in die

Kapelle ruft, gehen wir nicht von unserem einzig geliebten Jesus weg.

Vorsätze

– Sowohl unterwegs wie bei Aufenthalten treu das praktizieren, was in der Regel bezüglich der Intervalle vorgeschrieben ist.

– Im voraus die Verwendung meiner Intervalle festlegen, der normalen wie auch der zusätzlichen; sie nur selten abändern.

– *Sehr getreu mein ganzes Leben lang die Regel der Kleinen Brüder vom Heiligsten Herzen Jesu befolgen* (um das verborgene Leben von Nazaret in nichtchristlichen, entlegenen Ländern zu leben, wie es Gott gemäß meinen geistlichen Führern und meinen Exerzitien seit mehr als fünfzehn Jahren sicherlich von mir möchte; um dieses Leben nicht nur in groben Zügen, sondern in jeder Hinsicht möglichst getreu zu leben; nach fünfzehn Jahren des Suchens habe ich nichts gefunden, was dieses Leben so getreu darstellt wie diese Regel. Nachdem ich nun seit sechs Jahren [seit Weihnachten 1898] nach dieser Regel lebe, muß ich sagen, ich habe mich immer wohlgefühlt, wenn ich ihr folgte, und unwohl, wenn ich mich von ihr entfernte).

– *Mein möglichstes tun für die Gründung der Kleinen Brüder und der Kleinen Schwestern vom Heiligsten Herzen Jesu* (um so viel ich kann zur Ehre Gottes zu arbeiten, damit viele Menschen, die von Gott zum verborgenen Leben von Nazaret berufen sind, dieses Leben nicht nur in groben Zügen, sondern in jeder Hinsicht in großer Treue führen und damit sie dieses Leben in nichtchristlichen, entlegenen Gebieten führen, wenn Gott es von ihnen möchte. Dazu: *Mich heiligen so viel ich kann, indem ich sehr getreu die Regel der Kleinen Brüder vom Heiligsten Herzen Jesu befolge, und beten.*

XVII [Geistliche Lesung]

– Die am besten angewandte Stunde in unserem Leben ist die, in der wir Jesus am meisten lieben.

Vorsätze

– Beim Lesen oft innehalten, um die Augen zu Jesus zu erheben, um ihn anzubeten, ihn um Hilfe zu bitten, um das zu betrachten, was ich lese.

– Beim Lesen der Heiligen Schrift immer den Text für kürzere oder längere Zeit, schriftlich oder in Gedanken betrachten.

– Die Art, in der ich meine Lektüre verteilt habe, überprüfen und sie gegebenenfalls ändern, insbesondere was die Dogmatik und die geistlichen Lesungen angeht.

– *Sehr getreu mein ganzes Leben lang die Regel der Kleinen Brüder vom Heiligsten Herzen Jesu befolgen* (um Gott so getreu wie möglich zu gehorchen, indem ich das Leben von Nazaret in nichtchristlichem, entlegenem Gebiet führe, wie Gott es von mir möchte: nicht nur in groben Zügen, sondern auf die getreueste Art, die ich finden konnte, nämlich so, wie es in der Regel ausgedrückt ist).

– *Mein möglichstes tun für die Gründung der Kleinen Brüder und der Kleinen Schwestern vom Heiligsten Herzen Jesu* (um so viel ich kann zur Ehre Gottes zu arbeiten, damit viele Menschen, die von Gott zu dem verborgenen Leben von Nazaret berufen sind, es nicht nur in groben Zügen, sondern in jeder Hinsicht in großer Treue führen und damit sie dieses Leben in nichtchristlichen, entlegenen Gebieten führen, wenn Gott es von ihnen möchte. Dazu: *Mich heiligen so viel ich kann, indem ich sehr getreu die Regel der Kleinen Brüder vom Heiligsten Herzen Jesu befolge, und beten.*

XVIII [Theologische Studien]
– Es wirkt einer Gutes nicht nach dem Maß seines Wissens oder seines Verstandes, sondern nach dem Maß seiner Heiligkeit.
– Jesus lieben und die Tugenden üben.

Vorsätze

– Mit Pater Guérin[115] sehen, was in meiner Bibliothek noch fehlt. (Boussuet[116], Fouard[117], Kirchengeschichte, Geschichte der Christenverfolgung[118], Leben der Heiligen (Darras[119]), das römische Journal etc.).
– *Sehr getreu mein ganzes Leben lang die Regel der Kleinen Brüder vom Heiligsten Herzen Jesu befolgen* (um Gott so getreu wie möglich zu gehorchen, indem ich das Leben von Nazaret in nichtchristlichem, abgelegenem Gebiet führe, und zwar auf die treueste Art, die ich finden konnte, nämlich so, wie es in der Regel ausgedrückt ist).
– *Mein möglichstes tun für die Gründung der Kleinen Brüder und der Kleinen Schwestern vom Heiligsten Herzen Jesu* (um so viel ich kann zur Ehre Gottes zu arbeiten, damit viele Menschen, die von Gott zum Leben von Nazaret berufen sind, es nicht nur in groben Zügen, sondern in jeder Hinsicht in großer Treue führen und damit sie dieses Leben in nichtchristlichen, entlegenen Gebieten führen, wenn Gott es von ihnen möchte. Dazu: *Mich heiligen so viel ich kann, indem ich sehr getreu die Regel der Kleinen Brüder vom Heiligsten Herzen Jesu befolge, und beten.*

XIX [Schweigen]

Vorsätze

– Mich sehr treu an alle Vorschriften dieses Artikels halten, insbesondere was das Verhalten gegenüber den Menschen von draußen und das Verhalten unterwegs angeht.

– Vor jedem Brief, den ich schreibe, Geistliche Kommunion und Gebet.

– Wenn man mich in einer Angelegenheit nicht um Rat fragt, mich nicht einmischen.

– Sowohl bei Aufenthalten als auch unterwegs viel gesammelter und stiller sein: Wenn Gott nichts anderes möchte, mich aus allem heraushalten, was nicht er ist.

– *Sehr getreu mein ganzes Leben lang die Regel der Kleinen Brüder vom Heiligsten Herzen Jesu befolgen* (um Gott so getreu wie möglich zu gehorchen, indem ich das Leben von Nazaret in nichtchristlichem, entlegenem Gebiet führe, wie er es von mir möchte, und zwar auf die treueste Art, die ich finden konnte).

– *Mein möglichstes tun für die Gründung der Kleinen Brüder und der Kleinen Schwestern vom Heiligsten Herzen Jesu* (um so viel ich kann zur Ehre Gottes zu arbeiten, damit viele Menschen, die von Gott zum verborgenen Leben von Nazaret berufen sind, dieses Leben auf eine sehr treue Art führen, damit sie es in nichtchristlichen, entlegenen Gebieten führen, wenn Gott es von ihnen möchte). Dazu: *Mich heiligen so viel ich kann, indem ich sehr getreu die Regel der Kleinen Brüder vom Heiligsten Herzen Jesu befolge, und beten.*

XX [Trennung von der Welt]

– Wenn dich dein rechtes Auge zum Bösen reizt, so reiß es aus. [120]

– Folge mir und laß die Toten ihre Toten begraben. [121]

– Du denkst nicht nach Gottes Gedanken, sondern menschlich. [122]

– Niemand, der seine Hand an den Pflug gelegt hat und zurückblickt, ist tauglich für das Reich Gottes. [123]

– Ich bin nicht von dieser Welt. [124]

– „Als reine Braut einem einzigen Manne verlobt, Christus"[125], wollen wir ihm „ungeteilt" gehören, indem wir alles lassen und vergessen, was nicht er ist und uns an diese Dinge weder annähern noch erinnern, außer wenn er es uns aufträgt – und dann nur im Blick auf Gott allein.

– A saeculi actibus se favere alienum.[126]

– „Die Welt soll uns gekreuzigt sein und wir der Welt"[127], damit wir wie die „reinen Jungfrauen" ganz unserem „einzigen Bräutigam", unserem geliebten Herrn Jesus, gehören.

Vorsätze

– Alles, was in diesem Artikel vorgeschrieben ist, sehr getreu befolgen.

– *Sehr getreu mein ganzes Leben lang die Regel der Kleinen Brüder vom Heiligsten Herzen Jesu befolgen* (um Gott so getreu wie möglich zu gehorchen, indem ich das Leben von Nazaret in nichtchristlichem, entlegenem Gebiet führe, wie er es von mir möchte, und zwar auf die treueste Art, die ich finden konnte).

– *Mein möglichstes tun für die Gründung der Kleinen Brüder und der Kleinen Schwestern vom Heiligsten Herzen Jesu* (um so viel ich kann zur Ehre Gottes zu arbeiten, damit viele Menschen, die von Gott zum verborgenen Leben von Nazaret berufen sind, dieses Leben auf eine sehr treue Art führen, damit sie es in nichtchristlichen, entlegenen Gebieten führen, wenn Gott es von ihnen möchte. Dazu: *Mich heiligen so viel ich kann, indem ich sehr getreu die Regel der Kleinen Brüder vom Heiligsten Herzen Jesu befolge, und beten.*

Fragen

1.) – Ist die Bruderschaft von Beni-Abbès weit genug von jedem bewohnten Ort entfernt? Antwort: s. S. 35, 40.[128]

2.) – Gespräche mit den Leuten von draußen: Wovon soll

man mit denen sprechen, deren Zuneigung wir zu ihrem eigenen Wohl gewinnen sollen? Ist es notwendig, jegliche Plauderei über ihre alltäglichen Beschäftigungen zu verbannen, wenn es sich dabei um öffentliche Aufgaben oder praktische Arbeiten handelt? Antwort: s. S. 36, 37.[129]

XXI [Loslösung von allem außer Gott]
– Keiner von euch kann mein Jünger sein, der sich nicht von allem löst, was er besitzt.[130]
– Im Hinblick auf Gott allen Menschen gleiche Liebe und gleiche Selbstvergessenheit entgegenbringen.
– Sich nicht mehr um die Gesundheit und das Leben bekümmern als der Baum um ein Blatt, das zu Boden fällt.
– Allein Jesus im Sinn haben, nur an ihn denken, und dabei jeden Verlust als einen Gewinn betrachten, wenn er uns dazu bringt, in uns mehr Raum zu schaffen, um an Jesus zu denken und ihn zu erkennen. Denn neben ihm ist alles übrige ein Nichts.
– ,,All meine Kräfte Gott vorbehalten.''[131]
– Dilata os tuum et implebo illud.[132]
– ,,Unsere Heimat ist im Himmel.''[133]
– Ein einziger Gedanke des Menschen ist mehr wert als die ganze Welt, deshalb ist Gott allein unseres Denkens würdig. Wir schulden es ihm, und jeder Gedanke, der nicht in Beziehung zu Gott steht, ist ein Diebstahl an Gott.[134]
– Welch unendlicher Abstand besteht zwischen dem Geschöpf und dem Schöpfer!

Vorsätze

– Sehr getreu alles befolgen, was in diesem Kapitel vorgeschrieben ist.
– *Sehr getreu mein ganzes Leben lang die Regel der Kleinen Brüder vom Heiligsten Herzen Jesu befolgen* (um Gott so ge-

treu wie möglich zu gehorchen, indem ich das Leben von Nazaret in nichtchristlichem, entlegenem Gebiet führe, wie er es von mir möchte, und zwar auf die treueste Art, die ich finden konnte).

– *Mein möglichstes tun für die Gründung der Kleinen Brüder und der Kleinen Schwestern vom Heiligsten Herzen Jesu* (um so viel ich kann zur Ehre Gottes zu arbeiten, damit viele Menschen, die von Gott zum verborgenen Leben von Nazaret berufen sind, dieses Leben auf eine sehr treue Art führen, damit sie es in nichtchristlichen, entlegenen Gebieten führen, wenn Gott es von ihnen möchte). Dazu: *Mich heiligen so viel ich kann, indem ich sehr getreu die Regel der Kleinen Brüder vom Heiligsten Herzen Jesu befolge, und beten.*

XXII [Gehorsam und Hingabe an unsere Mutter, die heilige Kirche]

Vorsätze

– Sehr getreu alles befolgen, was in diesem Kapitel vorgeschrieben ist.

– *Sehr getreu mein ganzes Leben lang die Regel der Kleinen Brüder vom Heiligsten Herzen Jesu befolgen* (um Gott so getreu wie möglich zu gehorchen, indem ich das Leben von Nazaret in nichtchristlichem, entlegenem Gebiet führe, wie er es von mir möchte, und zwar auf die treueste Art, die ich finden konnte).

– *Mein möglichstes tun für die Gründung der Kleinen Brüder und der Kleinen Schwestern vom Heiligsten Herzen Jesu* (um so viel ich kann zur Ehre Gottes zu arbeiten, damit viele Menschen, die von Gott zum verborgenen Leben von Nazaret berufen sind, dieses Leben auf eine sehr treue Art führen, damit sie es in nichtchristlichen, entlegenen Gebieten führen, wenn Gott es von ihnen möchte). Dazu: *Mich heiligen so viel ich*

kann, indem ich sehr getreu die Regel der Kleinen Brüder vom
Heiligsten Herzen Jesu befolge, und beten.

XXIII [Gehorsam gegenüber dem Bruder Prior]
– Der Prior soll den Mut nicht verlieren, wenn er seine Aufgabe vor sich sieht; er soll ein Mann des Glaubens sein; er soll von heiligem Eifer beseelt sein und von gerührter Begeisterung, wenn er daran denkt, welche Ehre er Gott verschaffen kann, wenn er der Gnade treu ist. Er soll sich ans Werk machen und dabei nicht auf sich selbst, sondern ganz auf den vertrauen, „der ihn stärkt". Deshalb soll er damit beginnen, daß er in eifrigen Gebeten die Hilfe Gottes anfleht.

Vorsätze

– Sehr getreu mein ganzes Leben lang die Regel der Kleinen Brüder vom Heiligsten Herzen Jesu befolgen (um so treu wie möglich Gott zu gehorchen, indem ich das Leben von Nazaret in nichtchristlichem, entlegenem Gebiet führe, wie Gott es von mir möchte, und zwar auf die treueste Art, die ich finden konnte).
– Mein möglichstes tun für die Gründung der Kleinen Brüder und der Kleinen Schwestern vom Heiligsten Herzen Jesu (um so viel ich kann zur Ehre Gottes zu arbeiten, damit viele Menschen, die von Gott zum verborgenen Leben von Nazaret berufen sind, dieses Leben auf eine sehr treue Art führen, damit sie es in nichtchristlichen, entlegenen Gebieten führen, wenn Gott es von ihnen möchte). Dazu: *Mich heiligen so viel ich kann, indem ich sehr getreu die Regel der Kleinen Brüder vom Heiligsten Herzen Jesu befolge, und beten.*

XXIV [Nächstenliebe innerhalb der Bruderschaft]
– Ich sage euch: Ihr sollt dem Bösen nicht widerstehen, son-

dern wenn dich jemand auf die rechte Wange schlägt, so halte ihm auch die andere hin. Wenn jemand dir den Rock nehmen will, so laß ihm auch den Mantel.[135]

– Wer dich bittet, dem gib; und wer von dir borgen will, den weise nicht ab.[136]

– Liebe deinen Nächsten wie dich selbst.[137]

– Ihr alle seid Brüder, einer ist euer Vater.[138]

– Was ihr auch nur einem von meinen geringsten Brüdern getan habt, habt ihr mir getan.[139]

– Was ihr einem von den Geringsten nicht getan habt, das habt ihr mir nicht getan.[140]

[Die Brüder sollen ihre Liebe zueinander bezeugen durch ...]

– die Dienste, die sie dem Körper, dem Herzen und der Seele aller erweisen können.

– Der heilige Josef, die heilige Jungfrau Maria, unser Herr Jesus taten in Nazaret all die Arbeiten, die der Gästebruder in der Bruderschaft tut.

– Da der Gästebruder seine Aufgabe von Gott empfängt, erhält er auch die nötigen Gnaden, um sie heiligmäßig erfüllen zu können. Weit davon entfernt, sich entmutigen zu lassen, soll er sich mutig an die Arbeit machen, voll Liebe zum Willen Gottes und im Bewußtsein, daß Gott ihm eine „gute Arbeit" auferlegt hat. Er soll von heiliger Begeisterung erfüllt sein, wenn er sieht, welche Ehre er Gott verschaffen kann.

– Die Aufgabe des Mesners im Geist der heiligen Jungfrau zu Nazaret erfüllen.

– Der körperlichen Arbeit die ganze Zeit widmen, die in der Regel vorgeschrieben ist.

Vorsätze
– Dieselben wie bei Kapitel XXIII.

XXV [Demut innerhalb der Bruderschaft]

Vorsätze
– Dieselben wie bei Kapitel XXIII.

XXVI [Liebevolle Pflege der kranken Brüder]

Vorsätze

– Bei der Sorge um Kranke von außerhalb die Liebe verdoppeln. Ihnen alle nötige Zeit widmen. Bei dieser Pflege den größeren Wert auf das Gebet legen: *Bevor ich jemand pflege, immer merklich für seine Heilung und vor allem für sein ewiges Heil ein Vaterunser, ein Ave Maria, ein Ehre sei dem Vater und einige Anrufungen beten; wenn möglich den Kranken die Reliquie des heiligen Paulus berühren lassen.*
– Dieselben Vorsätze wie bei Kapitel XXIII.

XXVII [Nächstenliebe unter den verschiedenen Bruderschaften]

Vorsätze
– Dieselben wie bei Kapitel XXIII.

XXVIII [Nächstenliebe, Friede, Demut und Mut allen Menschen gegenüber]

Vorsätze
– Dieselben wie bei Kapitel XXIII.

XXIX [Nächstenliebe den anderen Menschen gegenüber – Geistliche Wohltaten]

Vorsätze
– Dieselben wie bei Kapitel XXIII.

XXX [Nächstenliebe den anderen Menschen gegenüber – Materielle Wohltaten]

Vorsätze
– Dieselben wie bei Kapitel XXĪĪĪ.

XXXĪ [Geheiligte Handarbeit]

Vorsätze
– Dieselben wie bei Kapitel XXĪĪĪ.

XXXĪĪ [Armut und Buße in der Nahrung]

Vorsätze
– Dieselben wie bei Kapitel XXĪĪĪ.

XXXĪĪĪ [Armut und Buße in der Kleidung]

Vorsätze
– Dieselben wie bei Kapitel XXĪĪĪ.

XXXĪV [Armut und Buße in den Bauten]

Vorsätze

– Die Gäste besser aufnehmen als bisher: mich nach der Regel richten.
– Dieselben Vorsätze wie bei Kapitel XXĪĪĪ.

XXXV [Armut und Buße im Mobiliar]

Vorsätze

– Große Sauberkeit halten, um die Sauberkeit des Hauses von

Nazaret nachzuahmen, wie es in der Regel steht.
– Dieselben Vorsätze wie in Kapitel XXIII.

XXXVI [Kapellen und Sakristeien]

Vorsätze
– Dieselben wie in Kapitel XXIII.

XXXVII [Name]

Vorsätze
– Dieselben wie in Kapitel XXIII.

XXXVIII [Gründungen]

Vorsätze
– Dieselben wie in Kapitel XXIII.

XXXIV [Stundenplan]

Vorsätze
– *Äußerst* genau den Stundenplan einhalten: Diese Treue ist
ein Teil der klösterlichen Tugend, der ,,Regelmäßigkeit". Sie
ist die Quelle für viel Gutes, schützt vor vielen Fehlern und
spornt dazu an, vielerlei Tugenden zu üben.
– Dieselben Vorsätze wie in Kapitel XXIII.

XL [Ende des Exils]

Vorsätze
– Dieselben wie in Kapitel XXIII.

1. – *Sehr getreu mein ganzes Leben lang die Regel der Kleinen Brüder vom Heiligsten Herzen Jesu befolgen.*
2. – *Mein möglichstes tun für die Gründung der Kleinen Brüder und der Kleinen Schwestern vom Heiligsten Herzen Jesu.*
Dazu: *Mich heiligen so viel ich kann, indem ich sehr getreu die Regel der Kleinen Brüder vom Heiligsten Herzen Jesu befolge, und beten.*

Zusammenfassung

> *Cor Jesu Sacratissimum,*
> *adveniat regnum tuum,*
> *fiat voluntas tua*
> *sicut in coelo et in terra.*

1.) – Sehr getreu mein ganzes Leben lang die Regel der Kleinen Brüder vom Heiligsten Herzen Jesu befolgen.
2.) – Mein möglichstes tun für die Gründung der Kleinen Brüder und der Kleinen Schwestern vom Heiligsten Herzen Jesu. Dazu: *Mich heiligen so viel ich kann, indem ich sehr getreu die Regel der Kleinen Brüder vom Heiligsten Herzen Jesu befolge, und beten.*

N.B.: Besonders darauf achten, wie ich die ständige Nachahmung Jesu verwirkliche, die Liebe zum Kreuz und zu den Demütigungen, das Breviergebet, die Nachtwachen, das Bewußtsein, daß Gott gegenwärtig ist, das ständige Gebet, die Abtötung, die Demut, die Erniedrigung, die geheiligte Arbeit der Hände, die Loslösung von allem, was nicht Gott ist, das

Fernhalten von weltlichen Angelegenheiten, die Liebe zu den Menschen, die geistlichen und materiellen guten Werke für die Nächsten, die übernatürliche Gewohnheit, immer in jedem Menschen Jesus zu sehen und jedem Menschen Demut, Hochachtung, Liebe und Hingabe entgegenzubringen, wie es dieser Glaube verlangt.

Dafür Sorge tragen: 1.) daß ich jedesmal eine Geistliche Kommunion halte, wenn ich in die Kapelle gehe, mit jemandem spreche oder jemandem schreibe; 2.) bei allem Kommen und Gehen auf Reisen das Ave Maria für das allumfassende Reich des Herzens Jesu beten, wenn ich nicht gerade eine andere geistliche Übung verrichte. Ebenso bei der körperlichen Arbeit, wenn ich nachts aufwache, und jedesmal, wenn meine Gedanken nicht mit einer anderen Aufgabe beschäftigt sind; 3.) bevor ich einen Kranken pflege, immer ein Vaterunser, ein Ave Maria, ein Ehre sei dem Vater, einige Anrufungen sprechen für seine Genesung und vor allem für sein Seelenheil. Wenn möglich, ihn die Reliquie des heiligen Paulus berühren lassen; 4.) bei allen Betrachtungen über das Evangelium und die anderen Teile der Heiligen Schrift, die ich in Gedanken oder schriftlich halte, mich zwei Dinge fragen: a) Was ist die wichtigste Lehre in dem gelesenen Abschnitt? b) Worin zeigt sich hier am meisten Gottes Liebe zu den Menschen? 5.) Wenn ich nicht um meine Meinung in einer Sache gefragt werde, mich nicht einmischen, es sei denn, Gott machte es mir zur Pflicht.

GEWISSENSERFORSCHUNG ÜBER DIE JAHRE 1902, 1903, 1904 UND ÜBER MEIN LEBEN IN BENI-ABBÈS

I. *Die wichtigsten Mängel in diesen drei Jahren:*

1.) *Mängel in den Dingen:*

1. – Meßdiener.
2. – Beichtvater.
3. – Nicht genug Einsamkeit.
4. – Nicht genug körperliche Arbeit.
5. – Zu große Nähe der Einheimischen und vor allem der Franzosen.
6. – Zu große Bauten.
7. – Schwer erreichbar für andere Brüder.
8. – Gesprächsthemen mit Personen von außerhalb.
9. – Die Art, Almosen zu geben.
10. – Die Art, Gleichheit und Brüderlichkeit mit den Einheimischen zu praktizieren.
11. – Die Art, mich von materiellen Sorgen freizumachen.

2.) *Mängel in mir:*

1. – Untreue, was den Stundenplan angeht.
2. – Untreue im Verrichten des Breviergebets.
3. – Untreue im Verrichten der Gebete, die das Brevier [unterwegs] ersetzen.
4. – Untreue der Gegenwart Gottes gegenüber.
5. – Untreue darin, im Nächsten Jesus zu sehen.

6. – Untreue zu meinen Vorsätzen über die Verwendung der Intervalle.

7. – Ich war nicht brüderlich zu den Nächsten (in Gedanken, Worten und Werken).

8. – Ich habe den Nächsten nicht wie mich selbst geliebt (in Gedanken, Worten und Werken).

9. – Ich habe die Nachtwachen nicht gehalten.

10. – Ich war nicht demütig (in Gedanken).

11. – Ich war nicht sanftmütig (in Gedanken und Worten).

12. – Ich war dem Nächsten gegenüber mit meiner Zeit nicht großzügig genug.

13. – Ich war zu den Kranken nicht gütig genug.

14. – Ich bin nicht brüderlich genug mit den Einheimischen umgegangen.

15. – Ich habe die Einheimischen nicht als mir ebenbürtig behandelt, sondern als Menschen von geringerem Rang.

16. – Ich habe die Einheimischen nicht angezogen, indem ich liebevoll mit ihnen umgegangen wäre und ihnen meine ganze Zeit gewidmet hätte, sondern habe sie auf Distanz gehalten mit dem Hochmut eines Vorgesetzten und indem ich ihnen so wenig Zeit wie nur möglich gewidmet habe (oft).

17. – Ich habe Worte ausgesprochen, die unnütz, fehl am Platz, leichtfertig und böse waren.

18. – Ich habe mich ohne Notwendigkeit über materielle und weltliche Dinge unterhalten.

19. – Ich habe viele geistliche Werke der Barmherzigkeit unterlassen; gute Worte, die ich hätte sagen können.

20. – Ich habe Schmutz und Ungeziefer gefürchtet.

21. – Ich habe den materiellen Dingen zu viel Zeit gewidmet.

22. – Ich habe es zugelassen, daß sich mein Verstand zu viel mit materiellen Dingen beschäftigte.

23. – Ich habe sehr oft die Gewissenserforschung unterlassen.

24. – Ich habe es recht oft unterlassen, die Geistliche Kommunion zu halten und einige Ave Maria zu beten, während ich da- oder dorthin ging; wie ich es mir vorgenommen hatte.

25. – Ich habe die heilige Messe zu schnell gefeiert, ohne die Rubriken ausreichend zu beachten, besonders was die Gebete beim Ankleiden und nach der Messe angeht.

26. – Ich habe es unterlassen, mich an die Regel zu halten, die ich mir selbst aufgestellt habe: ,,mich vor jeder Handlung fragen, wie Jesus sich dabei verhalten würde".

27. – Ich habe zu wenig Glauben.

28. – Ich bin zu wenig einfach.

29. – Ich habe zu viel Scheu, einfach zu sagen, was ich denke.

30. – Ich habe es an der Disziplin fehlen lassen.

31. – Ich habe ungenügend Buße getan.

32. – Ich habe zu bereitwillig Vorkehrungen für meine Sicherheit getroffen und dabei das Beispiel Jesu vergessen.

33. – Ich habe mich zu wenig abgetötet, ich habe zu sehr den Wert der Abtötung und ihre unbedingte Notwendigkeit vergessen.

34. – Ich war zu wenig wachsam und zu wenig darauf bedacht, in mir ein Abbild Christi sichtbar zu machen, ,,den gelebten christlichen Glauben", alter Christus.

35. – Ich habe zu wenig darauf bestanden, daß man mich ,,Bruder" und nicht ,,Pater" nennt.

36. – Ich habe die Regel der Kleinen Brüder vom Heiligsten Herzen Jesu schlecht befolgt (jedes Mal, wenn ich mich von ihr entfernt habe, bin ich auf einen falschen Weg geraten; jedes Mal, wenn ich sie befolgt habe, habe ich das Richtige getan).

37. – In der Beichte habe ich mich nicht klar genug ausgedrückt über meine Fehler gegen das Breviergebet bzw. die Gebete, die es [unterwegs] ersetzen, gegen die Demut, gegen die Rubriken der heiligen Messe.

38. – Ich mache den Fehler, in der Beichte zu wenig klar zu sein, wahrscheinlich zum Teil aus Stolz, damit man nicht sieht, wie elend ich dran bin (wenn der Stolz nicht der eigentliche Grund ist, so spielt er doch stark mit).

II. *Wie diesen Mängeln zu begegnen ist:*

1.) *Mängel in den Dingen:*

1. – *Was tun wegen des Meßdieners?*
Antwort: Auf Gott vertrauen, wie ich es seit drei Jahren tue.
2. – *Was tun wegen des Beichtvaters?*
Antwort: Wie bisher; das heißt, wenn deutlich mehr als ein Jahr vergeht, ohne daß ich einen Priester treffe, muß ich die Klausur verlassen, um beichten zu gehen. Es wird das beste sein, bei Pater Guérin[142] in Maison-Carrée[143] beichten zu gehen, wenn er sich dort aufhält.
3. – *Was tun, um mehr Einsamkeit zu finden?*
Antwort: In acht bis zehn Jahren wird es in Beni-Abbès zweifellos fast keine Garnison mehr geben, dann wird die Bruderschaft in völliger Einsamkeit sein ... Wenn man nicht solange warten will, gibt es keinen anderen Weg, als die Bruderschaft an einen anderen Ort zu verlegen.
4. – *Wie komme ich zu mehr körperlicher Arbeit?*
Antwort: Es gibt nur zwei Wege: entweder in Beni-Abbès einen Bruder haben, so daß der eine im Hause bleibt, um jeden, der anklopft, zu empfangen, während der andere im Garten arbeiten kann ... oder die Bruderschaft an einen abgelegeneren Ort verlegen, wo man im Garten arbeiten und zugleich das Haus überwachen kann. Solange ich unter den gegebenen Umständen in Beni-Abbès bin, gibt es nichts zu verändern.
5. – *Wie kann ich weniger in Reichweite der Einheimischen und der Franzosen sein?*
Antwort: Dazu gibt es nur die unter Nr. 3 aufgeführten Wege.
6. – *Was tun, um kleinere Bauten zu haben?*
Antwort: Wenn wir in Beni-Abbès bleiben, gibt es nur die Möglichkeit, nämlich die bestehenden Bauten nicht zu vergrößern; und wenn sie zerfallen, das Material zur Sicherung der Teile zu benutzen, die wir erhalten möchten ... Wenn wir Beni-Abbès verlassen, wird man etwas äußerst Provisori-

sches bauen, das geeignet ist, nach und nach vergrößert zu werden, wenn neue Brüder kommen; dabei in keiner Weise anstreben, etwas zu bauen, was Teil der Gebäude einer endgültigen Bruderschaft sein könnte.

7. – *Wie zu einer leichter erreichbaren Bruderschaft kommen?*

Antwort: In acht bis zehn Jahren werden alle Hindernisse (das Verbot der Regierung, die Unsicherheit usw.), die heute den Zugang nach Beni-Abbès erschweren, sicher verschwunden sein. Und dann wird man einfach, ja äußerst einfach, über Béchar dorthin kommen können ... Will man nicht so lange warten, ist der einzige Weg zu einer leichter erreichbaren Bruderschaft der, sie von Beni-Abbès an einen anderen Ort zu verlegen.

8. – *Über welche Themen soll man mit den Leuten von außerhalb reden?*

Antwort: Soweit möglich über den lieben Gott; wenn das nicht möglich ist, dann über etwas, was unseren Gesprächspartner am besten zu Gott hinführen kann: über die Familie, die Armen, das Gute, das zu tun ist, die allgemeinen und guten Themen, die persönlichen Dinge unseres Gesprächspartners (um ihm zu zeigen, daß wir ihn mögen, daß wir uns für ihn interessieren, flere cum flentibus[144]) ... Versuchen wir einerseits unserem Gesprächspartner zu beweisen, daß wir ihn mögen, indem wir uns echt für ihn interessieren und außerordentlich liebevoll zu ihm sind; versuchen wir andererseits das Gespräch in die Höhe zu führen; und wenn wir schon nicht beständig über Gott selbst sprechen können, dann wenigstens über das, was zu Gott führt ... Nie über Politik sprechen noch über unsere Vergangenheit, noch über weltliche Dinge, noch über materielle Dinge, die entbehrlich sind ... Wenn uns jemand ins Vertrauen zieht über die Tätigkeit, die er ausübt, oder über die Arbeit, die er verrichtet: nehmen wir das liebevoll auf, aber ohne uns einzumischen, ohne Ratschläge zu erteilen, außer wenn man uns darum bittet und wenn die Nächstenliebe es ganz klar verlangt. Und versuchen wir, diese Gespräche auf eine höhere Ebene zu führen. Das müssen wir sofort tun, wenn unser Gesprächspartner uns nur ein einziges Mal oder sehr selten sieht. Wenn er oft zu uns kommt, müssen wir ihn nach und nach daran gewöhnen (je nach der Person mehr oder weniger schnell).

9. – *Wie besser Almosen geben?*

Antwort: 1.) Geben, „wie Jesus gab", in treuerer Nachahmung des göttlichen Meisters; 2.) Nicht so sehr Geld geben, sondern mehr das, was Jesus gab: brüderliche Zuwendung, unsere Zeit, unsere Mühe; 3.) Die kleinen Summen, die mir zur Verfügung stehen, zur Bezahlung von Gartenarbeiten verwenden, und zwar für *ausgewählte* Leute, auf die ich hoffe einen guten Einfluß ausüben zu können ... *Alles abgeben, was in der Bruderschaft an Kleidern, Einrichtungsgegenständen usw. überflüssig ist,* und nur das unbedingt Notwendige behalten ... als Almosen in Geld, Gerste, Datteln nur *sehr kleine Mengen auf einmal geben,* wie Jesus es in Nazaret hielt ... Was die Gastfreundschaft angeht, sie ganz einfach und nur den Armen gewähren, immer nur wenigen Leuten auf einmal und nur denen, die sich gut benehmen, wie Jesus es in Nazaret hielt (die Reichen gingen nicht zu ihm, sondern zu den Reichen; da sollen sie auch weiter hingehen).

N.B.: 1.) Bei allen Almosen – Kleider, Geld, Nahrung, Gastfreundschaft, Arbeitstage – muß man gut unterscheiden nach folgender Regel: *denjenigen, für deren Seele unsere Gaben Gutes wirken, geben; denjenigen, für deren Seele unsere Gaben schädlich wären, nichts geben.* Wem unsere Gaben Gutes tun, das sind die wirklich Armen, die nicht lügen, wenn sie sagen, sie seien bedürftig; jene, die ehrlich und fleißig sind (soweit man das von ihnen erwarten kann) und in unseren Gaben einen Grund finden, dankbar zu sein, Zuneigung zu fassen und Gott zu preisen; jene, die sich auf Grund dieser Gaben nach und nach an uns binden und die fähig werden (sie sind durch ein verhältnismäßig gutes Leben bereits darauf vorbereitet), allmählich Gott näherzukommen. Wem unsere Geschenke schaden, das sind diejenigen, die nicht wirklich arm oder die freiwillig faul und untätig sind, die lügen, wenn sie sagen, sie seien bedürftig. In ihren Augen sind unsere Gaben Siegeszeichen ihrer Hinterlist, die sie nur in ihren Lügen, ihrer Faulheit und Betrügerei bestärken und sie im Bösen verhärten: Weit davon entfernt, Gott oder den Menschen gegenüber dankbar zu sein, rühmen sie sich ihrer Sünden, machen sich über die Menschen lustig und sehen sie als das Spielzeug ihrer Listen an ... 2.) Solange ich allein oder fast allein in der Bruderschaft bin, ist es – vorausgesetzt es kann geschehen, ohne Zerstreuung zu verursachen und ohne in materielle Schwierigkeiten zu führen – eines der geeignetsten Almosen, die ich geben kann, gut *ausgewählten* Leuten tageweise geleistete Gartenarbeiten zu bezahlen. Dafür vor allem muß ich versuchen, einige Mittel in Reserve zu halten. So ist es möglich, einen sehr guten Einfluß auf sie auszuüben, allerdings unter der Bedingung, daß man diejenigen *auswählt,* die man arbeiten läßt, und nur die anstellt, bei denen man eine berechtigte Hoffnung hat, ihnen Gutes zu tun. Wenn ich einen ehrlichen Mann für ständig haben könnte (zum Beispiel Umbarek aus Anfid[145]) und ihm von Zeit zu Zeit je nach meinen Mitteln durch andere helfen lassen könnte, wobei diese Hilfen immer *ausgewählt* sein müssen ... 3.) Als Almosen eher *meine Mühe als Geld* verschenken, das heißt nicht versuchen, viel Geld zu haben, um viel hergeben zu können (das wäre ganz gegen das Beispiel Jesu), sondern das wenige, was ich habe, mit viel Liebe geben; nicht nur meinen kleinen Vorrat, sondern auch meine Mühe, meine Zeit und alle Zeichen brüderlicher Gleichheit und brüderlichen Zuvorkommens geben (wenn zum Beispiel ein Gast kommt, selbst seine Gerste mahlen, sein Brot backen und es ihm anbieten, statt ihm die Gerste zu geben und ihm zu sagen, er solle sich sein Brot selbst backen: einfach das tun, *was Maria und Jesus in ähnlichen Situationen in Nazaret taten*) – vorausgesetzt, ich habe zu der Zeit nichts noch deutlicher von Gott Gewolltes zu tun.

10. – *Wie die Gleichheit und Brüderlichkeit mit den Einheimischen praktizieren?*
Antwort: Sie an mich herankommen, mir erzählen lassen, vor allem nicht die Soldaten bitten, sie mir vom Leib zu halten ...
Keine Angst haben, ihnen meine Zeit zu widmen ... Statt ihren langen Gesprächen zu entfliehen, sie herbeiwünschen, aber sie immer zu Gott hinlenken: die Führung dieser Gespräche übernehmen, sie von der Erde weglenken und immer bewirken, daß sie zu den geistlichen Dingen aufsteigen ...
Nicht die Berührung mit den Einheimischen fürchten, mit ihren Gewändern, Decken usw. Weder ihre Unsauberkeit noch ihre Flöhe fürchten. Nicht mich darum bemühen, Flöhe zu bekommen, aber keine Angst vor ihnen haben: sich so verhalten, als gäbe es sie nicht. Wenn ich welche habe, mich möglichst von ihnen befreien (aber ohne übertriebene Hast), um sie nicht in die kirchlichen Gewänder zu bekommen; aber nicht fürchten, wieder welche zu bekommen ... Mit den Einheimischen *so vertraut* leben *wie Jesus mit seinen Aposteln,* die ihnen doch ähnlich waren ... *Vor allem immer Jesus in ihnen sehen und folglich sie nicht nur als Gleichgestellte und als Bürger behandeln, sondern mit Demut, mit Hochachtung und Hingabe, wie der Glaube* es fordert.
11. – *Wie mich von den materiellen Sorgen frei machen?*
Antwort: Indem ich sehr treu nach meinen *Gelübden* lebe, nach der *Regel der Kleinen Brüder vom Heiligsten Herzen Jesu,* meinen *Versprechen,* meinen *Vorsätzen:* indem ich sehr treu bin und *sehr pünktlich mich an den Stundenplan halte.*

2.) *Mängel in mir:*

Das Heilmittel für all diese Mängel: sie bereuen, sie beichten, für sie Buße tun, mir fest vornehmen, mich zu bessern, und zu Gott, zu Maria, zum heiligen Josef, zur heiligen Maria Magdalena, zu meinem Schutzengel, zu allen Heiligen und Engeln beten, daß sie mir helfen mögen, mich zu bekehren.

Dann alle meine Kräfte einsetzen, um ein neues Leben zu beginnen, indem ich meine *Gelübde,* die *Regel der Kleinen Brüder vom Heiligsten Herzen Jesu,* all meine *Versprechen* und *Vorsätze* befolge, so gut ich kann.

III. *Verschiedene Fragen*

1.) – *Soll ich in Beni-Abbès bleiben oder die Bruderschaft an einen anderen Ort verlegen, der einsamer ist, verborgener, weniger lästigen Besuchern ausgesetzt, für die körperliche Arbeit besser geeignet, weiter abseits von den einheimischen und französischen Bewohnern* [der Oase], *für die Brüder leichter erreichbar?*

Antwort: Ich muß in Beni-Abbès bleiben, denn einerseits werden die genannten Unannehmlichkeiten in wenigen Jahren verschwunden sein (in höchstens acht oder zehn Jahren), andererseits ist es möglich, daß die Bruderschaft schon bald von Beni-Abbès weiter nach Westen verlegt werden muß, in ganz marokkanisches Gebiet.

2.) – *Muß ich den Vorsatz, den ich in meinen Exerzitien vom Vorjahr bezüglich der Reisen gefaßt habe, beibehalten oder nicht?*

Antwort: Ja, ich soll ihn beibehalten, doch mit folgenden Einschränkungen: 1.) Nur sehr schwerlich annehmen, daß andere als die von der Regel vorgesehenen Reisen für die Ehre Gottes nützlicher sind als die Anwesenheit eines Priesters in der Bruderschaft, und daß Gott sie von mir lieber will als das gewöhnliche Leben von Nazaret, zu dem er mich berufen hat. Also nur sehr schwerlich annehmen, daß Gott diese Reisen von mir will. 2.) Wenn wir zu zweit sind, immer meinen Bruder mitnehmen. 3.) Wenn wir mehr als zwei sind, nicht mehr annehmen, daß Gott solche Reisen möchte, es sei denn, sie hätten die wahrscheinliche Verlegung der Bruderschaft an einen anderen Ort zum Ziel, der von Gott gewollt zu sein

scheint. In diesem Fall allein oder mit anderen Brüdern aufbrechen, je nach den Umständen. 4.) Bei jeder Reise möglichst wenig Zeit von der Bruderschaft wegbleiben.

3.) – *Reisen in den Westen: Ja oder nein, wenn sie möglich
sind?*

Antwort: Ja, wenn sie das Ziel haben, die Bruderschaft an einen Ort weiter im Westen zu verlegen, der von Gott gewollt
zu sein scheint. Wenn das nicht der Fall ist: nein.

4.) – *Reisen nach Bechar*[146], *Taghit*[147], *zu den Oasen, zu den
Tuareg*[148]? *Ja oder nein?*

Antwort: Nein. Die Reisen nach Bechar und Taghit, deren
Garnisonen alle Jahre in die Küstenregion kommen, sind
nicht unbedingt notwendig. Was die anderen Orte angeht, sie
den Weißen Vätern überlassen, die die Verantwortung und
die Mittel dafür haben.

5.) – *Wenn die Bruderschaft von Beni-Abbès an eine gute
Stelle viel weiter westlich, in ganz marokkanischem Gebiet,
verlegt werden kann, soll ich sie dann verlegen?*

Antwort: Ja, ohne zu zögern. Denn wir müssen unsere Nie-
derlassungen immer so weit wie möglich in nichtchristliche
Gebiete vorschieben. Einerseits reicht ihre Ausstrahlung um
so weiter, je weiter sie im Innern liegen (man kennt sie und
spricht über sie in um so weiterem Umkreis; es ergeben sich
zahlreichere Kontakte; die Reisen der Ordensleute, die sie
besuchen, sind oft zugleich Apostolatsreisen); andererseits
sind die anderen Gründungen, die man später in dem Gebiet
vornehmen will, leichter zu verwirklichen, wenn es schon
eine Niederlassung tiefer im Inneren gibt ... deshalb müssen
wir immer so weit wie möglich vordringen.

6.) – *Josef und vielleicht Hanna?*

Antwort: Was Pater Guérin für das Vollkommenste vor Gott
hält ... Aber in jedem Fall scheint absolute Verschwiegenheit
notwendig ...

Als direkten Ausdruck dieser Exerzitien fügen wir hier noch zwei Auszüge aus dem Brief an, in dem Bruder Karl seinem geistlichen Führer, Abbé Huvelin, am 17. Dezember 1904 darüber Rechenschaft gibt.

Geliebter Vater!

Jetzt habe ich meine jährlichen Exerzitien beendet; dabei habe ich mir folgendes vorgenommen: 1.) sehr getreu die Regel der Kleinen Brüder vom Heiligsten Herzen Jesu befolgen; 2.) mein möglichstes tun für die Gründung der Kleinen Brüder und der Kleinen Schwestern vom Heiligsten Herzen Jesu (dazu: mich heiligen und beten).
Ich kehre also nach Beni-Abbès zurück, denn nach reiflicher Überlegung ist das der beste Ort für mich und für meine Brüder, die Jesus schicken will: Ich kehre dorthin zurück, um zu bleiben. Wahrscheinlich brauche ich keinerlei Reisen mehr zu unternehmen: Ich hoffe, daß Mgr. Guérin in den Gebieten, die ich besucht habe, Gründungen vornehmen wird; künftig werden sie also von Dienern Jesu besucht werden, die besser sind als ich ... Mir scheint, daß nur ein einziger Grund mich veranlassen könnte, von Beni-Abbès wegzugehen, wenn nämlich neue Ereignisse mir erlauben würden, mich weiter westlich, tiefer im Herzen Marokkos niederzulassen; dann müßte man vielleicht die kleine Bruderschaft dorthin verlegen, um die heilige Eucharistie, den heiligen Tabernakel, möglichst weit unter die Ungläubigen zu bringen: um den Bereich, in den sie ausstrahlt, zu vergrößern, um ihre Einflußsphäre zu erweitern.
...
Wenn ich treu bin, wird Gott mir Brüder schicken.
Ich empfehle mich sehr Ihren Gebeten, mehr als je zuvor: Ich habe es so nötig, besser zu werden, mich zu bekehren! Sowohl für Jesus, der es mir aufträgt, als auch für mich, denn ich bin dazu verpflichtet, als auch für die anderen, für die ich nur

unter dieser Bedingung Gutes wirken werde ... Die anderen! Die anderen, von denen ich ganz umgeben bin! 10 Millionen Marokkaner ohne einen Priester, ohne einen Missionar; die Sahara, die achtmal so groß ist wie Frankreich, in der mehr Menschen leben, als man gemeinhin annimmt, mit 13 Priestern ... Oh! Wie nötig wären Arbeiter in diesem so verlassenen Teil des Weinbergs des göttlichen Vaters! Und wenn ich ein wenig Mut habe, wie muß ich arbeiten auf dem Weg, den Jesus mir gezeigt hat, und stellvertretend beten! Beten Sie für mich, geliebter Vater, damit ich treu bleibe ...

Exerzitien in Tamanrasset, Ende 1905

„Ich kehre nach Beni-Abbès zurück, um zu bleiben" – so schrieb Bruder Karl nach seinen letzten Exerzitien an Abbé Huvelin. Doch im April zeichnet sich schon die nächste Reise in den Süden ab. Am 3. Mai verläßt er Beni-Abbès, am 13. August ist er in Tamanrasset (Hoggar) und beginnt sich dort niederzulassen. Seine Absicht, im Herbst nach Beni-Abbès zurückzukehren, hat er nach einer Begegnung mit dem Stammeshaupt der Tuareg schon im Juli fallengelassen.

Die ganze Entwicklung seines Lebens bringt Bruder Karl dazu, seiner eigentlichen Berufung wieder einen Schritt näherzukommen. Nazaret ist doch nicht das Leben einer Klostergemeinschaft, wie er sie sich bisher vorgestellt hatte, sondern etwas viel radikaler Neues! Diese Erkenntnis läßt ihn ein anderes Verhältnis zu seiner Regel finden, ohne daß er dabei deren Grundlinien aufgeben würde. So entnehmen wir einer längeren Notiz vom 22. Juli 1905 in seinem Tagebuch: „Die Lebensweisen als Missionar und in der Einsamkeit sind für dich wie für Jesus Ausnahmen ... Setze dir das Leben von Nazaret als Ziel ... in seiner Einfachheit und seiner Weite. Und betrachte die Regel nur als eine Wegweisung, die dir in bestimmten Dingen hilft, in das Nazaretleben einzutreten ...""*

Bruder Karl bleibt nun allein in Tamanrasset, die nächste französische Garnison befindet sich siebenhundert Kilometer weiter nördlich in In Salah, auf halbem Weg nach Beni-Abbès.

---

* Diaire, (Vgl. Charles de Foucauld intime, Paris (La Colombe) 1951, S. 107).
Vgl. dazu auch: J. F. Six, Charles de Foucauld – der geistliche Werdegang, München 1978, S. 267 ff.

*Eine schon bei der ersten Reise begonnene Arbeit kann jetzt
richtig anfangen: Die Sprache der Tuareg ist erst noch zu er-
forschen – aber Bruder Karl will doch mit ihnen sprechen können und ihnen das Evangelium nahebringen ...!
Bei seinen Jahresexerzitien für 1906 fragt Bruder Karl vor allem nach dem Willen Gottes für das vor ihm liegende Jahr.
Was er dabei notiert, schreibt er an seinen geistlichen Führer,
Abbé Huvelin, und bemerkt dazu: ,,Ich lege es in Ihre Hände
und sage wie immer: Sprechen Sie, ich werde gehorchen. ‚Wer
euch hört, hört mich‘‘‘.*

VORSÄTZE AUS DEN
JAHRESEXERZITIEN FÜR 1906[1]

Mein möglichstes tun für das Heil der ungläubigen Völker dieser Gebiete (Marokko und Sahara) in vollständiger Selbstvergessenheit. Dazu: Gegenwart des Allerheiligsten Altarssakraments, Darbringung des heiligen Meßopfers, Gebet, Buße, gutes Beispiel, Nächstenliebe, persönliche Heiligung. Selbst diese Mittel anwenden und mein möglichstes tun, um die Zahl derer zu mehren, die sie mitten unter diesen Völkern und für sie anwenden.

Bis andere Priester in das Gebiet von Beni-Abbès und ins Hoggar gehen, muß ich meine Zeit weiterhin unter sie teilen, ich kann nicht daran denken, das eine oder das andere im Stich zu lassen, solange diese beiden Gegenden so verlassen bleiben ... Ich muß etwa die Hälfte meiner Zeit hier, die andere dort verbringen, allerdings für den abgelegeneren, wilderen Hoggar etwas mehr Zeit aufbringen.

Für den Augenblick muß ich noch eine gute Weile im Hoggar bleiben, ehe ich wieder reise, damit deutlich wird, daß meine Niederlassung dort endgültig ist, und um mit den Einheimischen gute Beziehungen anzuknüpfen und sie an mich zu gewöhnen.
Jedoch darf ich nicht zu lange bleiben, ohne nach Beni-Abbès zu gehen, daß ich dort zu einem Fremden werde und den gewonnenen Boden verliere ...
Um im Hoggar gut Fuß zu fassen, müßte ich bis zum Oktober 1906 bleiben ... ungern, denn ich wäre dann zwanzig Monate fern von Beni-Abbès, das ist recht lange; aber für den Anfang im Hoggar ist es wohl nötig. – Wenn Gott mir nicht durch Abbé Huvelin, durch Pater Guérin, durch die Ereig-

nisse oder auf anderem Weg eine andere Weisung gibt, werde ich bis zum Oktober 1906 in Tamanrasset bleiben; im Oktober werde ich nach Beni-Abbès aufbrechen, so daß ich den Advent dort beginne. Bis Ostern 1907 werde ich in Beni-Abbès bleiben und gleich danach aufbrechen, damit ich um den 15. Mai in Tamanrasset bin. Zwischen Weihnachten und Ostern 1907 werde ich es einrichten, Pater Guérin zu sehen. Eine Reise nach Frankreich, um dem Stammeshaupt der Tuareg einen Aufenthalt dort zu ermöglichen, kann ich nicht machen; es ist gar nicht daran zu denken.

Im Jahr 1906 gibt es für mich keine andere körperliche Arbeit außer dem Sakristeidienst und der Krankenpflege; die ganze übrige Arbeitszeit muß ich auf das Studium der Tuareg-Sprache verwenden und vor allem dazu, das Studium denen zu erleichtern, die Gott schicken wird.

Es ist angezeigt, an einige mir bekannte Priester zu schreiben: Im Hinblick auf das Heil der Seelen will ich so versuchen, ein oder zwei Gefährten zu gewinnen. Ich werde diese Briefe an Abbé Huvelin schicken und es seinem Urteil überlassen, ob er sie weiterleiten will oder nicht.

Ich muß die heilige Messe weiter allem voranstellen und sie auch unterwegs lesen, trotz der daraus erwachsenden zusätzlichen Ausgaben. – Eine Messe ist wie Weihnachten, und die Nächstenliebe steht über der Armut.

Exerzitien in Tamanrasset, Ende 1906

Anfang des Jahres 1906 ist Bruder Karl in Tamanrasset wirklich sehr einsam. Doch er versichert seiner Kusine, daß ihn diese Einsamkeit in der Nähe des Tabernakels in keiner Weise bedrückt. Den Winter über hat er lange Zeit keinen Christen und nur sehr wenige Einheimische zu Gesicht bekommen. Zwischen den Tuareg und ihm ist das Eis noch nicht gebrochen. Nur Paul Embarek, den er in Beni-Abbès freigekauft hatte, ist bei ihm. ,,Ich bin in keiner Weise zufrieden mit ihm, da ich aber sonst niemand zum Ministrieren habe, bin ich sozusagen an ihn gebunden" (LMB 16.12.05). Im Mai wird der Zustand unhaltbar und Paul geht weg. Die heilige Messe darf Bruder Karl aber nur in Anwesenheit eines Christen, zumindest eines Taufbewerbers feiern!

Nach gut zwei Wochen kommt ein Freund, um den Sommer über mit Bruder Karl an der Tuareg-Sprache zu arbeiten – er ist Christ.

Über die Ostertage 1906 hatte Bruder Karl ,,eine Art Exerzitien" gehalten, deren Grundthema lautet: ,,Wie Jesus in Nazaret".

Die Jahresexerzitien für 1907 hält er wieder im voraus, vom 13. bis 21. November 1906 in Beni-Abbès. Anschließend bricht er nach Algier zu Bischof Guérin auf, um von dort über Beni-Abbès wieder nach Tamanrasset zurückzukehren.

ZUSAMMENFASSUNG UND VORSÄTZE AUS DEN EXERZITIEN UM OSTERN 1906[1]

Besinnung auf die Lebensweise, zu der ich berufen bin: Nachahmung Jesu in Nazaret, Anbetung des ausgesetzten Allerheiligsten, stille Heiligung der ungläubigen Völker, indem ich Jesus mitten unter sie trage.
Ihn anbeten und sein verborgenes Leben nachahmen.

Besinnung auf die ständige Nachahmung Jesu in seinem Leben zu Nazaret.

Besinnung auf die Buße, auf den schmalen Weg, auf das Kreuz Jesu in Nazaret.

Besinnung auf die Armut Jesu in Nazaret.

Besinnung auf die Erniedrigung, die bescheidene handwerkliche Arbeit Jesu in Nazaret.

Besinnung auf die Zurückgezogenheit, das Schweigen Jesu in Nazaret.

Besinnung auf das Sich-Fernhalten von der Welt und den weltlichen Dingen bei Jesus in Nazaret.

Besinnung auf die innere Einheit mit Gott (Geistliche Kommunion), die Anbetung, das innere und das mündliche Beten und die Nachtwachen Jesu in Nazaret.

Besinnung auf den Eifer für die Seelen: ich muß versuchen, in diesen nichtchristlichen Ländern eine kleine Familie um die heilige Hostie zu versammeln, die so lebt wie Jesus in Nazaret.

Besinnung auf den Eifer für die Seelen: durch Liebe, Güte, Wohltätigkeit allen Menschen gegenüber, wie Jesus in Nazaret.

Besinnung auf den Eifer für die Seelen durch Sanftmut, Demut, Vergebung von Beleidigungen, sanftes Hinnehmen schlechter Behandlung wie Jesus in Nazaret.

Besinnung auf den Eifer für die Seelen durch gutes Beispiel, wie Jesus in Nazaret.

Besinnung auf den Eifer für die Seelen durch Gebet, Buße, eigene Heiligung, wie Jesus in Nazaret.

Besinnung darauf, das Herz Jesu in mir leben zu lassen, damit nicht mehr ich lebe, sondern damit das Herz Jesu in mir lebe, wie Jesus in Nazaret lebte.

VORSÄTZE AUS DEN
JAHRESEXERZITIEN FÜR 1907[2]

Sehr getreu die Regel der Kleinen Brüder vom Heiligsten Herzen Jesu in die Tat umsetzen. Sie bringt den Willen Jesu für mich zum Ausdruck: Ihn nachahmen in seinem Leben von Nazaret, dazu die Anbetung des Allerheiligsten; Leben unter den verlassensten ungläubigen Völkern.

Wenn einer mir dienen will, so folge er mir nach.

Exerzitien im Herbst 1907

Bei den Weißen Vätern in Algier erlebt Bruder Karl eine große Freude: Ein junger Mann, Michael, der dort eintreten wollte, scheint für das Nazaretleben bestimmt, wie er selbst es führen möchte.

Mit Bruder Michael geht die Reise noch im Dezember 1906 über Beni-Abbès in Richtung Tamanrasset. Unterwegs sechs Wochen Aufenthalt in In Salah, da er dort einen guten Informanten für sein Sprachstudium findet.

Der junge Gefährte hält aber gesundheitlich nicht durch, er muß Bruder Karl noch in In Salah wieder verlassen – der einzige Lichtblick in Richtung der Ordensgründung war nur von kurzer Dauer.

Bis Anfang Juli ist Bruder Karl wieder unterwegs, dann bleibt er eineinhalb Jahre in Tamanrasset. Dort ist es sehr viel ruhiger als in Beni-Abbès; er beginnt wieder ein geregeltes Leben mit Gebet, Lektüre und Arbeit nach festem Stundenplan – allerdings nicht mehr körperliche Arbeit, sondern Erforschung der Sprache, Übersetzung, Sammeln von Elementen für ein Lexikon.

Die heilige Messe kann Bruder Karl jetzt nur selten feiern, wenn ein französischer Offizier, Arzt oder Forscher ihn in dem entlegenen Tamanrasset kurz besucht.

Da wegen der Sprachstudien ein längerer Aufenthalt außerhalb von Tamanrasset in Sicht ist, hält Bruder Karl seine Jahresexerzitien für 1908 vom 31. August bis 8. September 1907. Wieder haben wir nur die abschließenden Vorsätze aus dem persönlichen Notizheft von Bruder Karl (eingetragen am 8. 9. 1907) und einen Brief an Abbé Huvelin (Vgl. G. Gorreé, Sur les traces de Ch. de Foucauld, S. 208).

VORSÄTZE AUS DEN
JAHRESEXERZITIEN FÜR 1908

1. – Vollständig, vollkommen und für immer, ohne Unterbrechung nach der Regel der Kleinen Brüder vom Heiligsten Herzen Jesu leben.
2. – Mich bekehren.
3. – Für die Gründung, Entfaltung, Heiligung der Kleinen Brüder und der Kleinen Schwestern vom Heiligsten Herzen Jesu beten und leiden.
4. – Für die Bekehrung der Ungläubigen beten und leiden; alles tun, was für ihre Bekehrung nützlich sein kann und der Regel der Kleinen Brüder vom Heiligsten Herzen Jesu entspricht.
Wer mir nachfolgen will, muß sich selbst aufgeben, täglich sein Kreuz auf sich nehmen und so mir folgen.
Heiligstes Herz Jesu, dein Reich komme!

Tamanrasset, 17. September 1907

Mein geliebter Vater!

Schon lange habe ich Ihnen nicht mehr geschrieben: Ich wollte das Ende meiner Jahresexerzitien abwarten, zu denen ich gerade hier die große Einsamkeit ausgenützt habe.
Wo steht meine Seele? Meine Gewissenserforschung hat mir viele Erbärmlichkeiten geoffenbart. Die schwerwiegendsten scheinen mir zu sein: im Hintergrund ein großer Stolz, der mich manchmal veranlaßt, Gutes in mir zu sehen, und noch öfter dazu, den anderen verbergen zu wollen, wie sehr mir das Gute fehlt ... Ich bewahre nicht genug die Gegenwart Gottes, ich gehe auf in dem, was ich gerade tue, oder in den

Zerstreuungen (Träumereien, die ich nicht schnell genug verjage). Ich schaue nicht genügend auf Jesus, der da ist: dabei wäre es in dieser Einsamkeit so leicht, ihm Gesellschaft zu leisten … Ich sehe nicht genügend in allen Menschen Jesus; ich verhalte mich nicht übernatürlich genug ihnen gegenüber; weder sanftmütig noch demütig genug; ich bin nicht genügend darauf bedacht, ihren Seelen Gutes zu tun, wann immer ich kann … Mein ganzes Gebetsleben läßt unendlich viel zu wünschen übrig. Das betrifft die heilige Messe, ihre Feier, die Vorbereitung und die Danksagung; das Breviergebet oder den Rosenkranz, der es auf Reisen oft ersetzt, das innere Gebet, die Betrachtung. All das ist äußerst lau, manchmal gekürzt oder zu schnell verrichtet, immer voller Ablenkung, nie zufriedenstellend, vor allem unterwegs. Bald übermannt mich dabei der Schlaf, bald verschiebe ich die Gebete von Stunde zu Stunde und schlafe ein, ohne sie beendet zu haben, manchmal habe ich sogar gerade erst begonnen … Die gleiche Lauheit im Leiden und im Annehmen von Demütigungen: Statt Kreuz und Demütigung als Gewinn anzusehen, gehe ich ihnen aus dem Weg. Ich unterlasse viele kleine Bußübungen, die ich machen müßte, und pflege zu sehr meinen Leib. Statt Verachtung, Abgewiesenwerden, Erniedrigung und das Kreuz Jesu zu lieben, gewöhne ich mich an die Aufmerksamkeiten, die man mir erweist, und freue mich darüber, ohne zu sehen, wie wenig ich sie verdiene … Schließlich sind die langanhaltenden Zerstreuungen und Träumereien, die mich immer wieder während meiner Gebetsstunden überfallen und die ich keineswegs schnell genug verjage, von schlechtester Art, so daß ich sie sofort und mit größtem Entsetzen zurückweisen müßte.

Das sind also die Hauptpunkte meiner Gewissenserforschung, mein lieber Vater. Sie sehen, wie groß das Elend ist. Nur ein Gutes kann ich in mir finden: das ist der beständige Wille, das zu tun, was Gott am meisten gefällt, immer und in allem … Aber welche Niederlagen in der Praxis!

An Vorsätzen haben meine Exerzitien nichts anderes hervorgebracht als in den vergangenen Jahren: das gleiche tun, aber besser.

Ich habe Ihren Brief vom 5. Januar 1906 vor mir, in dem Sie mir auf alle Fragen antworten, die ich mir stellen würde, wenn Sie sie mir nicht beantwortet hätten.

Als einziges etwas besonderes und neues Ergebnis meiner Exerzitien betrachte ich die Notwendigkeit, mehr auf vier Punkte zu achten: Gebet, Kreuz, Erniedrigung und Klausur. Das ändert nichts am Ganzen meines Lebens, es soll mich aber in vier Punkten sorgfältiger und wachsamer machen: Die Erniedrigung, weil sie das Leben Jesu ist und eine große Hilfe für die Demut; die Klausur als meine besondere Berufung; das Gebet und das Kreuz vor allem als Wege, für die Ungläubigen Gnaden zu erlangen und an ihrer Bekehrung zu arbeiten.

Bischof Guérin konnte keinen Priester in das Gebiet von Beni-Abbès schicken, auch keinen zu den Tuareg, nicht einmal einen in die Gebiete dazwischen. Solange das so bleibt, werde ich mich weiterhin in Beni-Abbès und hier teilen, das heißt ich werde an beiden Orten jeweils einen Teil des Jahres verbringen, die Reisen zwischen beiden so schnell wie möglich hinter mich bringen und mich sofort nach meiner Ankunft in die Klausur zurückziehen.

In diesem Jahr habe ich, wie ich Ihnen schon schrieb, eine lange, unvorhergesehene Reise unternommen. Ich glaubte, eine mir gebotene Gelegenheit nützen zu müssen, um einige Stämme der Tuareg kennenzulernen, die ich nicht kannte, und mit denen es gut schien, Beziehungen anzuknüpfen. Ich konnte lange und freundschaftlich mit ihnen zusammensein. Ich glaube, diese Reise war eine gute und von Gott gewollte Sache.

Ich will keinen zu festen Vorsatz fassen und dem lieben Gott die Führung überlassen, aber ich sehe für mich in Zukunft keine anderen Reisen mehr voraus als das jährliche Hin und Her zwischen Beni-Abbès und Tamanrasset. Was ich kommen sehe, sind diese rasch abgewickelten Reisen und gleich

von der Ankunft an mein geregeltes Leben in Gebet und körperlicher Arbeit.

Die körperliche Arbeit ist so wohltuend, so gesegnet und mir
so lieb, aber bisher konnte ich noch nicht damit beginnen,
weil ich immer noch mit der Sprache der Tuareg beschäftigt
bin ... Diese Arbeit wird bald beendet sein; ab Frühling 1908
wird davon – hoffentlich – keine Rede mehr sein. Dann werde
ich mich endlich der geheiligten Arbeit der Hände widmen
können ...

Exerzitien 1909

Bruder Karl ist in Tamanrasset geblieben. Im Dezember 1907 erwähnt er: „Seit über zwei Monaten keine Post – das ist lang!" Er ersehnt die Erlaubnis, die heilige Messe auch ganz allein feiern zu dürfen. Sie ist längst beantragt, trifft aber erst am 31. Januar 1908 ein. Weihnachten 1907 verbringt er daher ohne heilige Messe!

Anfang Januar 1908 bricht Bruder Karl entkräftet zusammen. Die Tuareg geben ihr Letztes (es ist eine Dürre- und Hungerszeit), um ihn wieder aufzurichten.

Ende März merkt Bruder Karl an: „Seit Dezember keinen Franzosen, keinen Christen zu sehen bekommen!" Er schreibt auch: „Es ist jetzt nicht angebracht, Bekehrungen erreichen zu wollen, es geht vielmehr darum, die Zukunft vorzubereiten ..." (Brief an seine Kusine)

Der Gedanke, außer den Ordensgemeinschaften auch eine Vereinigung von Laien ins Leben zu rufen, die sich um ein intensives Leben der Nachfolge und der Anbetung bemühen und dieses Leben wenigstens zum Teil auch in den nichtchristlichen Ländern führen würden, beschäftigt Bruder Karl immer mehr. Das bringt ihn – mit Einverständnis von Abbé Huvelin – sogar dazu, nach Frankreich zu reisen.

Seine Jahresexerzitien wollte er im Dezember halten, wohl nach Abschluß intensiver Sprach-Arbeiten mit einem Helfer aus der weiteren Umgebung. Er hat kaum begonnen, da wird der Plan umgestoßen. Noch am Weihnachtstag 1908 verläßt Bruder Karl Tamanrasset: Vom 17. Februar bis 7. März ist er in Frankreich. Ende März bis Ende April verbringt er wieder in Beni-Abbès, wo er zwei Monate nicht mehr gewesen war. Ende Mai nützt er „die lange und monotone Reise" von In Salah nach Tamanrasset, um endlich diese Exerzitien zu halten. Vor Bruder Karl liegen wieder eineinhalb Jahre Einsamkeit in Tamanrasset.

VORSÄTZE AUS DEN JAHRESEXERZITIEN 1909[1]

1. – Denken, sprechen, handeln, wie Jesus es an meiner Stelle tun würde.

2. – Die Regel der Kleinen Brüder vom Heiligsten Herzen Jesu, die ich in vielen Exerzitien als den Willen Gottes für mich erkannt habe, treu befolgen.

3. – Mein möglichstes tun für die Gründung der Kleinen Brüder und der Kleinen Schwestern vom Heiligsten Herzen Jesu.

4. – Mein möglichstes tun für die Gründung der Vereinigung der Brüder und Schwestern vom Heiligsten Herzen Jesu.

5. – Mein möglichstes tun für die Bekehrung der Ungläubigen (sie darauf vorbereiten, in den Leib der Kirche einzutreten, indem ich Gottes Liebe in ihre Seele einführe ... sie dahin führen, sich Akte der Vollkommenheit zur Gewohnheit zu machen, das heißt der Übereinstimmung mit dem Willen Gottes aus Liebe ... bei ihnen den ,,Rosenkranz der Liebe"[2] verbreiten).

Seht, der Bräutigam!

Notizen aus Exerzitien[1]

Cor Jesu sacratissimum,
adveniat regnum tuum.

– Viel für Bekehrung Marokkos und der Sahara beten.

– Viel für Gründung, Heiligkeit, Ausbreitung der Kleinen Brüder und der Kleinen Schwestern vom Heiligsten Herzen Jesu und der Vereinigung der Brüder und Schwestern beten.

– Geistliche Kommunion halten jedesmal, wenn ich Kapelle betrete; jedesmal, wenn ich zu jemandem spreche oder jemandem schreibe.

– Unterwegs: wenn möglich zu festgelegten Zeiten Brevier beten, ,,Komm Schöpfer Geist" und die anderen Gebete nach der Regel; sobald mir jemand Zimmer gibt, es segnen, daraus eine Kapelle machen.

– Welche Reisen unternehmen? 1.) Diejenigen, welche die Regel vorschreibt. 2.) Jede Reise, die der Ehre Gottes sehr dienlich ist, dienlicher als ihre Unterlassung, und die kein anderer Priester machen kann oder will (solange ich nicht das Gelübde der Klausur abgelegt habe und nicht durch eine andere, wichtigere Aufgabe verhindert bin).

– In jedem Menschen Jesus sehen und dementsprechend handeln.

– Beim inneren Gebet jeden Tag Jesus bitten, daß ich ihn lieben, ihm gehorchen, ihn nachahmen kann; jeden Tag Maria bitten, daß ich sie liebe, ihr gehorche, sie nachahme.

– Besondere Gewissenserforschung: über Gegenwart Gottes, über Gewohnheit, in jedem Menschen Jesus zu sehen.

– Jedesmal, wenn meine Gedanken nicht mit einer anderen Aufgabe beschäftigt sind, Ave Maria für das allumfassende Reich des Herzens Jesu beten.

– Jedesmal, wenn ich mich um einen Kranken kümmere, zunächst ein Vaterunser, ein Ave Maria, ein Ehre sei dem Vater und einige Anrufungen für seine Genesung und vor allem für sein Seelenheil beten; wenn möglich, ihn die Reliquie des heiligen Paulus berühren lassen.
– Bei jeder Meditation über das heilige Evangelium oder einen anderen Teil der Heiligen Schrift mich zwei Dinge fragen: 1.) Die wichtigste Lehre in diesem Abschnitt? 2.) Worin zeigt sich hier am meisten Gottes Liebe zu den Menschen?

Besonders beachten:

– Übungen der Frömmigkeit.
– Liebevolle Beziehungen zu den Einheimischen.
– Gegenwart Gottes.
– In jedem Menschen Jesus sehen.
– Beständiges Gebet.
– Geheiligte Arbeit der Hände.
– Regelmäßigkeit.
– Demut, Hochachtung, Liebe, Aufopferung für jeden Menschen.
– Allgemeine und besondere Gewissenserforschung.
– Demut und Erniedrigung.
– Fernhalten von weltlichen Dingen.
– Liebe zu den Menschen.
– Beständige Nachahmung Jesu.
– Kreuz und Demütigungen lieben.
– Gastfreundschaft.
– Nächstenliebe.
– Heilige Stunden und Wache-Stunden.
– Gebet für Nächsten.
– Gebet für Ungläubige.
– Disziplin.
– Jeden Sonntag alle meine Gelübde, Versprechen, allgemeine Vorsätze aus den Jahresexerzitien sowie alle Vorsätze aus den Exerzitien des Vorjahres lesen.

Anmerkungen

ANMERKUNGEN ZUR EINFÜHRUNG

[1] Für ein vertieftes Studium des Lebens und der Gedankenwelt Charles de Foucaulds empfehlen wir die Bibliographie, die im Literaturverzeichnis des Werkes von Jean-François Six, Charles de Foucauld, der geistliche Werdegang, S. 337–349, Verlag Neue Stadt, München 1978, veröffentlicht ist.

[2] Brief an Madame de Bondy vom 3. September 1900.

[3] Le Père de Foucauld a Notre-Dame-des-Neiges (Erinnerungen eines Augenzeugen) in: Bulletin des Amis de Charles de Foucauld, 4–5, S. 57 f.

[4] Charles de Foucauld, Lettres à Henry de Castries, Paris 1938, S. 83–85.

[5] R. Pottin, La vocation saharienne du Père de Foucauld, Paris 1939, S. 248 f.

ANMERKUNGEN ZU „EXERZITIEN ZUR SUBDIAKONATSWEIHE"

[1] Ein kariertes Heft 10,4 x 13,2 cm. Umfang: vier Seiten, davon sind zwei mit Bleistift beschrieben. Archiv des Postulators im Seligsprechungsprozeß, Division B, Sektion 2, Ordner 17, Akt 21, 22, 23.

Notre-Dame-des-Neiges: ein Trappistenkloster, 1850 in der Gemeinde von Saint-Laurent-des Bains im Departement Ardèche (Diözese Viviers) gegründet, 1100 m ü. M. (vgl. Charles de Foucauld, Lettres à mes frères de la Trappe, Paris 1969, S. 303–306). Charles de Foucauld macht dort sein Postulat (1889–1890) und bereitet sich auf die Priesterweihe vor (1900–1901).

Den Lesestoff von Charles de Foucauld kennen wir durch ein kariertes, zwanzigseitiges Heft: Passages édifiants tirés de divers pieux auteurs (Erbauliche Auszüge verschiedener geistlicher Autoren): Anna Katharina Emmerick, Leben der heiligen Jungfrau Maria; Alfons von Liguori, Selva (eine Materialsammlung für Reden und kirchliche Exerzitien über die Würde des Priesters); Leo der Große; der hl. Bernhard; Augustinus; Gregor der Große; Guéry, Moraltheologie; Johannes vom Kreuz; Aristoteles, De Anima; der hl. Thomas; Dionysius der Areopagite; Nachfolge Christi; Msgr. Guibert, Ordination der Diözese Viviers, 1852; der hl. Hieronymus; Le Règne du Coeur de Jésus ou la doctrine complète de la Bienheureuse Marguerite-Marie sur la Donation au Sacré-Coeur, von einem Priester der „Oblaten der Makellosen Jungfrau Maria", einem Kaplan vom Herz-Jesu-Wallfahrtsort Montmartre, Paris 1894; Johannes Chrysostomus; Margareta-Maria Alacoque (Archiv des Postulators im Seligsprechungsprozeß, Division B, Sektion 8, Ordner 50, Akt 107). Ein anderes Heft aus der gleichen Zeit (kariert, 13,5 x 21 cm, 84 Seiten) enthält Auszüge aus dem römischen Pontificio und dem oben genannten Werk von Alfons von Liguori (Division B, Sektion 5, Ordner 32, Akt 56–57).

2 Die Subdiakonatsweihe fand am Quatembersamstag, den 22. Dezember 1900, in Viviers statt. Sie wurde erteilt von Msgr. Montéty aus dem Lazaristenorden, einem früheren Missionar, Titularerzbischof von Béryte. Charles de Foucauld wurde „ad titulum patrimonii" geweiht.

3 „Die einst Leckerbissen schmausten ... wälzen sich jetzt im Unrat" (Klgl 4,5).

4 Mittelpunkt des Departement Ardèche, Bischofssitz der gleichnamigen Diözese, in der sich das Kloster Notre-Dame-des-Neiges befindet.

5 Der Plan zur Gründung der „Einsiedler vom Heiligsten Herzen" geht auf den Aufenthalt von Charles de Foucauld in Akbès zurück (vgl. Six, Charles de Foucauld, der geistliche Werdegang, München 1978, S. 194–202, 218, 286).

6 Schon 1898 bei seinem Plan, sich in Jerusalem niederzulassen (Briefe an Mme de Bondy, München 1976, S. 62) spricht er von „unserem geliebten Bethanien".

7 Klerus und Ordensleute waren durch die französische Regierung zum Militärdienst verpflichtet (1880–1893). Charles de Foucauld erwähnt es in seinen Briefen: „Dieser Militärdienst eignet sich so wenig für die Jünger Jesu" (Brief an Pater Hieronymus, 15. Februar 1898). „Auch wenn es zum Militärdienst kommt ..., sind Sie im Gehorsam" (an denselben, 9. September 1898). „Ich bitte flehentlich unseren Herrn, daß er Sie vom Militärdienst befreie, koste es was es wolle" (an denselben, 27. Oktober 1899). „Ich denke an Ihre jungen Patres, versuchen Sie, sie vom Militärdienst fernzuhalten ... Hier würden sie nur ein Jahr machen. Ich suche einen Weg, um sie an einen Ort zu schicken, wo sie das Gesetz völlig befreit" (an Dom Martin, aus Beni-Abbès, 5. November 1901). „Wenn ich einen guten Weg finden werde, Ihren jungen Leuten in der Frage der drei Jahre zu helfen, werde ich es Ihnen sagen; ich höre nicht auf, darüber nachzudenken" (an denselben, aus Béni-Abbès, 30. Dezember 1901). „Ich sehe noch keinen Weg, ihnen sicher und gänzlich den Militärdienst zu ersparen" (an denselben, aus Beni-Abbès, 7. Februar 1902). „Ich bedaure mehr als Sie die drei Jahre, die Ihre Jugendlichen in der Kaserne verbringen müssen; wenn Sie sie mir für zehn Jahre schicken wollen, werden sie sicher nur ein Jahr in der Kaserne sein, vielleicht überhaupt nicht" (an denselben, aus Beni-Abbès, 24. April 1902). „Ich hatte hier Kontakte mit einigen Seminaristen oder Ordensleuten, die ihren Dienst ableisteten: Mein Gott, mein Gott! Man kann nur das sagen: Zweifellos wird es auch

solche geben, die die Prüfung bestehen; aber für wie viele ist sie tödlich"
(an denselben, aus Beni-Abbès, 25. Januar 1903).

[8] Charles de Foucauld zeichnet hier für das Hl. Herz, wie auch an vielen anderen Stellen, ein Herz unter einem Kreuz.

[9] Margareta Maria Alacoque (1647–1690) trat 1672 in den Orden der Heimsuchung zu Paray-le-Monial ein; dort erhielt sie in drei Visionen (1673, 1674, 1675) den Auftrag, die Herz-Jesu-Verehrung zu verbreiten und am Freitag nach dem Oktavtag von Fronleichnam das Herz-Jesu-Fest einzurichten. Ihre Botschaft wurde durch ihren geistlichen Führer, Pater Claudius de la Colombière, SJ, verbreitet und traf auf heftige Opposition in den Kreisen der Jansenisten.

[10] Sechszehn Karmelitinnen aus Compiègne starben am 17. Juli 1794 auf dem Schafott, einen Tag vor dem Sturz von Robespierre. Unmittelbar zuvor erneuerten sie ihre Gelübde und stimmten das Veni Creator an, das erst mit der Hinrichtung der letzten verstummte. Sie wurden 1906 von Pius X. seliggesprochen. Gertrud von Le Fort und Bernanos haben ihr Martyrium besungen.

[11] Jean-Marie d'Allemans, genannt du Lau, französischer Prälat (1738–1792; 1775 Erzbischof von Arles), Abgeordneter des Klerus in die Generalstände von 1789. Er bekämpfte die bürgerliche Verfassung des Klerus. Am 10. August 1792 wurde er verhaftet und bei den Massakern am 2. September 1792 erschossen. 1926 wurde er seliggesprochen.

[12] Armand de Foucauld de Pontbriand, Kanonikus von Meaux, wo er 1774 geweiht worden war, Generalvikar von Solignac in Limousin, Obervikar seines Cousins Jean-Marie du Lau, mit dem er am 2. September im Garten der Karmeliten umgebracht wurde (vgl. Armand de Foucauld de Pontbriand, 1731–1792, Paris 1902). Charles de Foucauld hält 1902 eine Novene zu den Märtyrern des 2. September (Lettres à mes frères de la Trappe, S. 237). In einem Brief an Mme de Bondy vom 3. September 1905 spricht er von seinem Urgroßonkel Armand de Foucauld (a. a. O., S. 115).

[13] Anna Katharina Emmerick (1774–1824), stigmatisierte Westfälin, deren Visionen über das Leben und Leiden Christi von Clemens von Brentano aufgezeichnet wurden.

[14] Vielleicht handelt es sich um Bruder Norbert, einen frommen blinden Laienbruder, der am 11. Dezember 1900 in den Armen von Charles de Foucauld starb. Dieser hielt bei ihm Wache und spricht in seiner Korrespondenz verschiedentlich von ihm.

[15] Abbé Henri Huvelin (vgl. Père de Foucauld – Abbé Huvelin, Correspondance inédite, Tournai 1957; dt. Salzburg 1961; J. F. Six, Stichwort ,,Huvelin" in: Dictionnaire de spiritualité, Bd. VII, col. 1194–1204; J. B. Rouanet, L'abbé Huvelin, 1962; M. Th. Lefebvre, Un Prêtre, l'abbé Huvelin, Paris 1957).

[16] Dom Louis de Gonzague Martin, der dritte Abt von Staoueli (1854–1899)

oder eher Dom Joseph Martin (1856–1908), der zweite Abt von Notre-Dame-des-Neiges.

[17] Msgr. Bonnet, geboren 1835 in Langogne (Limousin), mit 41 Jahren Bischof von Viviers, Bischofsweihe am 24. August 1876, gestorben am 21. März 1923 (vgl. Lettres à mes frères de la Trappe, S. 325–327). Bei seiner Ernennung schrieb Msgr. Guibert: „Man braucht in dieser Diözese einen Bischof mit einem reifen Urteilsvermögen, aber jung an Jahren. Er muß mühelos auf das Pferd steigen können, um seine Pastoralbesuche zu machen" (20. Mai 1876).

[18] Vgl. Anm. 5

[19] Vgl. Anm. 3

ANMERKUNGEN ZU „EXERZITIEN ZUR DIAKONATSWEIHE"

[1] Ein kariertes Heft 10 x 13,5 cm. Zwanzig Seiten, davon sind sechzehn mit Bleistift beschrieben. Charles de Foucauld wurde am 23. März 1901, dem Samstag vor dem Passionssonntag, in Nîmes von Msgr. Bequinot, dem Ortsbischof, zum Diakon geweiht.

[2] „Wer sagt, er sei immer in ihm, muß auch so leben, wie er gelebt hat." Abgesehen von einigen Ausnahmen, auf die wir eigens hinweisen, wurden alle Schriftstellen von Charles de Foucauld lateinisch zitiert. Wir verwenden hier die Übersetzung von Otto Karrer.
Die Abkürzungen am Rand beziehen sich auf die vier Themen zu Beginn der Exerzitien vor der Diakonatsweihe.

[3] Vgl. Kol 3,3 (französisch zitiert)

[4] Ebd.

[5] Vgl. Mt 20,28; Mk 10,45 (französisch zitiert)

[6] Vgl. Lk 12,49 (französisch zitiert)

[7] Vgl. Buch Ester

[8] Vgl. Hld 1,2

[9] Dieser Text steht auf einem eigenen Blatt. Auf dasselbe Blatt hat Charles de Foucauld auch das Ergebnis seiner Exerzitien zur Priesterweihe geschrieben, das sich auf Seite 19 der Notizen aus jenen Exerzitien findet. Wir bringen den Text am Ende der Exerzitien zur Priesterweihe. Vgl. S. 66 ff.

[10] Vgl. Anm. 2

[11] Charles de Foucauld war bei den Klarissen in Nazaret von 1897 bis 1900 Hausbursche und Pförtner.

ANMERKUNGEN ZU „EXERZITIEN ZUR PRIESTERWEIHE"

[1] Ein kariertes Heft 10,5 x 13 cm, zwanzig Seiten, alle mit Bleistift beschrieben. Die Seiten 7, 8, 13 und 14 sind aus Briefpapier mit Trauerrand. Charles de Foucauld wurde in Viviers, in der Kapelle des Priesterseminars durch Bischof Montéty zum Priester geweiht. Anwesend waren auch Bischof Bonnet, Dom Martin, der Abt von Notre-Dame-des-Neiges, und dessen späterer Nachfolger, P. Augustin Martin.

[2] Charles de Foucauld hat alle Schriftstellen lateinisch zitiert.

[3] Die folgenden Zitate aus den Evangelien hat Charles de Foucauld lateinisch übernommen, ohne Stellenangabe. Im Interesse der Leser bringen wir sie in deutsch (nach der Übersetzung von Otto Karrer) und ergänzen die Stellenverweise in den Anmerkungen 4–48.

[4] Mt 7,12
[5] Vgl. Mt 10,9–10
[6] Vgl. Mt 10,16
[7] Vgl. Mt 10,21.26.32
[8] Mt 18,11
[9] Mt 20,28
[10] Mt 25,40–45
[11] Mt 28,19–20
[12] Mk 2,17
[13] Mk 4,24
[14] Vgl. Mk 6,8–9
[15] Mk 6,12–13
[16] Mk 6,34
[17] Vgl. Mk 10,45
[18] Mk 16,15
[19] Lk 1,38
[20] Lk 1,39
[21] Lk 2,21
[22] Lk 1,79
[23] Lk 4,18
[24] Vgl. Lk 5,31
[25] Lk 6,31
[26] Lk 9,3
[27] Lk 10,3
[28] Lk 10,42
[29] Vgl. Lk 12,7–8
[30] Lk 12,49
[31] Lk 14,33
[32] Lk 15,4
[33] Lk 19,10

34 Vgl. Lk 24,47
35 Lk 23,46
36 Vgl. Joh 6,53
37 Joh 10,11
38 Joh 10,16
39 Joh 12,32
40 Joh 14,6
41 Vgl. Joh 15,7
42 Joh 15,12–13
43 Joh 17,21
44 Joh 17,11
45 Joh 19,26–27
46 Joh 19,33
47 Joh 20,21
48 Joh 21,19
49 Vier Seiten, mit Bleistift beschrieben; weißes, unliniertes Papier, 17,5 x 13 cm.
50 „In deine Hände befehle ich meinen Geist" (Lk 23,46).
   Die folgenden Schriftstellen hat Charles de Foucauld lateinisch und ohne Stellenangabe zitiert; wir bringen sie wieder in deutsch (nach Otto Karrer) und die Stellenangaben in den Anmerkungen 51–80.
51 Lk 23,46
52 Joh 21,19
53 Lk 3,21
54 Lk 12,49
55 Mt 18,11
56 Lk 1,79
57 Lk 4,19
58 Joh 10,11
59 Lk 15,4
60 Lk 5,31
61 Vgl. Mk 6,34
62 Joh 10,16
63 Vgl. Joh 17,23
64 Vgl. Joh 17,21
65 Mk 16,15
66 Mt 28,19–20
67 Joh 14,6
68 Vgl. Joh 6,53
69 Joh 19,34
70 Joh 19,27
71 Joh 20,21
72 Vgl. Mt 20,28
73 Joh 10,11

74 Vgl. Mt 10,16; Lk 10,3

75 Vgl. Mt 10,9–10; Lk 9,3

76 Lk 14,33

77 Vgl. Mt 10,21. 26. 32

78 Lk 6,31

79 Mt 25,40

80 Joh 15,12–13

81 ,,Ich bin gekommen, um Feuer auf die Erde zu werfen'' (Lk 12,49); ,,... um das Verlorene zu retten'' (vgl. Mt 18,11; Lk 19,10). Auch für die folgenden Zitate geben wir die Stellen an. Auch sie wurden von Charles de Foucauld lateinisch zitiert mit einigen Ausnahmen, die wir vermerken.

82 Lk 12,49; Mt 18,11 (französisch zitiert)

83 Charles de Foucauld hatte schon eine Forschungsreise nach Marokko unternommen und darüber ein Buch unter dem Titel ,,Reconnaissance au Maroc'' (Paris 1888, 1934, 1939) sowie verschiedene Artikel veröffentlicht (vgl. J. F. Six, Itineraire ..., a. a. O., S. 407–408)

84 Mt 6,33 (französisch zitiert)

85 Joh 15,7 (französisch zitiert)

86 Mt 10,16

87 Vgl. Mt 10,9–10

88 Lk 14,33

89 Vgl. Lk 1,39

90 Vgl. Lk 12,12

91 Ein Wort Christi an die hl. Teresa von Avila, das Charles de Foucauld in deren Werken gelesen hat.

92 Joh 1,43

93 Vgl. Lk 14,11–13

94 Einzelne Teile der ,,Wahl bei den Exerzitien zur Priesterweihe'' sind erschienen in: Charles de Foucauld, Aufzeichnungen und Briefe. Zusammengestellt von Jean-Francois Six. Freiburg – Basel – Wien 1962. Vgl. S. 158–160. Die geistlichen Schriften. Wien – München 1963. Vgl. S. 175–177.

ANMERKUNGEN ZU ,,EXERZITIEN IN BENI-ABBÈS, MITTE 1902''

1 Vom Text der Regel sind nur zwei Kapitel vollständig, einige weitere in Auszügen abgedruckt in: Frère Charles de Jésus (Charles de Foucauld),

Oeuvres spirituelles. Anthologie. Seuil, Paris 1958, Seite 433–464. Die dazugehörigen Konstitutionen finden sich dort mit ihrem vollständigen Text (S. 419–432). In die deutsche Teilübersetzung dieses Bandes (Die Schriften von Charles de Foucauld, zusammengestellt von D. Barret. Benziger 1961) ist lediglich der erste Regel-Entwurf vom Juni 1896 aufgenommen worden.

Diese Regel ist für Gemeinschaften von 20 bis 25 (jedoch „mindestens 12, nie über 40") Brüdern geschrieben. Die immerwährende Anbetung sollte in den Bruderschaften gewährleistet sein. Da Bruder Karl nun allein nach dieser Regel zu leben versucht, ergeben sich schon aus der Spannung zwischen Überschrift und Vorsätzen in diesen und erst recht in den weiteren Exerzitien aufschlußreiche Hinweise auf die Art, wie er mit seiner Regel umgehen muß. Er hat ein ständiges Ringen zwischen der inneren Treue zu seiner Grundidee und deren Anpassung an die äußere Wirklichkeit zu bestehen, durch die Gott ihn so ganz anders führt, als er es gemeint hatte. Das mag besonders an Kapitel XX deutlich werden: Gerade in bezug auf die „Trennung von der Welt" hat Bruder Karl noch eine gewaltige Entwicklung vor sich. Aufgrund der unteilbaren Liebe zu Gott und zu den Menschen werden noch alle Angelegenheiten, die seine Mitmenschen angehen, zu seinen Sorgen werden – vor den Menschen und vor Gott.

[2] Ein 28seitiges Heft 10,6 x 13,5 cm, davon sind 26 Seiten mit Bleistift beschrieben. Archiv des Postulators im Seligsprechungsprozeß, Division B, Sektion 2, Ordner 18, Akt 24.

[3] „Ich bin gekommen, um Feuer auf die Erde zu werfen" (Lk 12,49); „... um das Verlorene zu retten" (vgl. Mt 18,11; Lk 19,10).

[4] Lk 10,41–42

[5] Vgl. Mt 25,40

[6] Vgl. Mt 5,16

[7] Vgl. Mt 25,40

[8] Lk 9,23

[9] Vgl. Mt 6,33

[10] Vgl. Lk 12,22

[11] Bischof Guérin, vom Orden der Weißen Väter, Apostolischer Präfekt der Sahara

[12] „Sacrosanctae et individuae Trinitatis", sind die ersten Worte des Gebets von Leo X., das man kniend nach dem Offizium beten soll, um Vergebung für die Fehler und Unterlassungen beim Breviergebet zu erhalten.

[13] Lk 10,16

[14] Vgl. Mt 18,4

[15] Vgl. Mk 9,29

[16] Mt 20,28

[17] Mt 26,40

[18] Vgl. Mt 5,13; Mk 9,50; Lk 14,34

[19] Vgl. Joh 3,14

[20] Vgl. Joh 12,24
[21] Vgl. Joh 12,32
[22] Vgl. Lk 12,48
[23] Lk 12,49
[24] Vgl. Mt 20,28
[25] Lk 10,42
[26] Mt 6,33
[27] „Mein Gott und mein Alles."
28 Vgl. Lk 10,42
[29] Der Peterspfennig: Montalembert, voller Leidenschaft für alles Britische, übernahm die Idee dieser Kollekte für den Papst aus dem England vor der Reformation. Die Enteignung des Papstes 1870 trug dazu bei, diese Sammlung unter den Gläubigen populär werden zu lassen.
[30] „Ich habe den letzten Platz im Hause meines Gottes erwählt" (vgl. Ps 84,11; hier nach der Vulgata).
[31] Vgl. Lk 22,27; Mt 20,28; Mk 10,45
[32] „Quo vadis?" Kapelle in der Via Appia in Rom, deren Name sich herleitet von den Worten des hl. Petrus an Christus: „Herr, wohin gehst du?" Christus erwidert ihm: „Wo ich hingehe, dahin kannst du mir jetzt nicht folgen; du wirst mir aber später folgen" (Joh 13,36). Mit diesen Worten kündigte Jesus das Martyrium des hl. Petrus an. Im 3. Jahrhundert spielt Origines (In Johannem, PG 14,600) auf eine Begegnung Christi mit dem hl. Petrus an: „Da du nicht den Mut hast, zu leiden und zu sterben, gehe ich nach Rom, um noch einmal gekreuzigt zu werden."
[33] Vgl. Mt 5,41
[34] Vgl. Mt 5,45
[35] Vgl. Lk 6,32–35; Mt 5,46–47
[36] Mk 2,17; Mt 9,13; Lk 5,32
[37] Vgl. Lk 21,34
[38] Vgl. Joh 12,24
[39] Vgl. Mt 25,40
[40] Vgl. Mt 16,23; Mk 8,33
[41] Lk 10,42
[42] Ausschnitte aus diesen Aufzeichnungen wurden veröffentlicht in: Charles de Foucauld, Aufzeichnungen und Briefe, a. a. O., S. 165–168.
[43] Unsere Liebe Frau vom Guten Rat. Die Ikone dieser Mutter Gottes wird in Genazzano/Latium verehrt. Von Skutari (Albanien) soll sie 1487 dorthin gebracht worden sein.
[44] Vgl. Mt 20,28; Mk 10,45; Lk 22,27
[45] Vgl. Mt 5,48
[46] Mt 9,13; Mk 2,17; Lk 5,32
[47] Vgl. Lk 15,4
[48] Mt 5,39
[49] Vgl. Mt 5,48; Lk 6,36

[50] Vgl. Mt 5,39
[51] Vgl. Mt 5,48; Lk 6,36
[52] Dieser Abschnitt ist veröffentlicht in: Frère Charles de Jésus, Oeuvres spirituelles, S. 551–554.
[53] Dieser Text findet sich auf einem eigenen Blatt.

ANMERKUNGEN ZU „EXERZITIEN IN BENI-ABBÈS, ANFANG 1903"

(Februar – September 1903)

[1] Heft, 6 x 10 cm. (Archiv des Postulators im Seligsprechungsprozeß, Division B, Sektion 2, Ordner 15, Dossier 25).
[2] Diese Notizen stehen auf der Rückseite eines Bildchens, das den heiligen Vinzenz von Paul bei der Ausübung der Nächstenliebe darstellt. Diese Vorsätze sind die einzigen Notizen aus den Exerzitien in Beni-Abbès im Jahr 1903, die aufgefunden wurden.
[3] Vgl. Anm. 9, S. 195
[4] 25. Februar 1903
[5] Zusfana: Wadi der südlichen Sahara, der bis zur Saura reicht.
[6] Timimun: Oase der algerischen Sahara im Gurara (Departement Saura, Bezirk El Abiod).
[7] El Goléa: weite Oase im Land der Chaamba Muadhi, überragt von einem Ksar. Aus diesem Gebiet stammen die ersten Meharisten (Kamelreiter) von Oberst Laperrine.
[8] „In freudiger Eile" (vgl. Lk 1,39).

ANMERKUNGEN ZU „JAHRESEXERZITIEN 1904"

[1] Diese Notizen wurden mit Bleistift auf ein Bündel von gebrauchten Umschlägen geschrieben, die geöffnet und neu zu einem Heft zusammengebunden sind. Davor stehen Aufzeichnungen mit dem Titel *Explications du Saint Évangile* (Erklärungen zum Evangelium), wovon die ersten 39 Hefte nicht aufgefunden wurden. Die Notizen aus den Exerzitien be-

ginnen mit S. 791 des 40. Bündels, füllen das 41. Bündel und enden mit S. 820 des Manuskripts.

Auszüge aus diesen Exerzitien wurden bisher veröffentlicht in: *Écrits Spirituels*, Paris 1909, S. 214–216; *Oeuvres spirituelles*, a. a. O., S. 555–559. Aus dem gleichen Zeitraum stammt ein am 15. November 1904 begonnenes Heft mit „Auszügen aus Werken geistlicher Autoren": *Nachfolge Christi; Drei-Gefährten-Legende (Das Leben des hl. Franz von Assisi,* mit einem Vorwort von Abbè Huvelin; *die endgültige Regel des heiligen Franziskus).*

[2] Joh 12,26

[3] N. H.: Vielleicht muß es M. H. heißen: M. Huvelin.

[4] Gemeint ist sicher Nazaret.

[5] Vgl. Mt 5,42; Lk 6,30

[6] Vgl. Mt 26,26.28.38

[7] Vgl. Mk 16,15

[8] Vgl. Lk 14,33

[9] Vgl. Joh 15,4f.

[10] Vgl. Lk 14,33

[11] Vgl. Lk 2,51

[12] Mt 8,18

[13] Vgl. Dtn 6,5; Mt 22,37; Mk 12,30; Lk 10,27

[14] Vgl. Lk 6,12

[15] Vgl. Mt 6,9–11

[16] Vgl. Lk 10,42

[17] Mt 26,26–28

[18] Unleserliches Wort.

[19] Vgl. Joh 14,20

[20] Vgl. Mt 25,6

[21] Lk 10,16

[22] Vgl. Mt 8,22

[23] Vgl. Mt 10,38

[24] Vgl. Mt 5,13

[25] Joh 12,24

[26] Vgl. Mt 4,2; Mk 1,13; Lk 4,2

[27] Vgl. Lk 6,12

[28] Vgl. Mk 9,29

[29] Vgl. Mt 20,28

[30] Vgl. Lk 22,27

[31] Joh 10,11

[32] Joh 10,16

[33] Vgl. Lk 12,49

[34] Vgl. Joh 6,27

[35] Vgl. Mt 6,33

[36] Vgl. Joh 6,27

[37] Vgl. Lk 10,42
[38] Vgl. Mt 22,37f.
[39] Mk 16,15
[40] Vgl. Mt 22,37–40
[41] Vgl. Lk 2,51
[42] Joh 18,36
[43] Vgl. 2 Kor 11,2
[44] Vgl. Mt 22,21; Mk 12,17; Lk 20,25
[45] Vgl. Dtn 6,5; Lk 10,27; Mt 22,37; Mk 12,30
[46] Vgl. Mt 5,40–42; Lk 6,29
[47] Lk 10,16
[48] Siehe Anm. 29, S. 201
[49] Lk 10,16
[50] Mt 5,40–42; Lk 6,29
[51] Charles de Foucauld betrachtet das Haus von Nazaret als einen ,,heiligen Ort" (Regel der Kleinen Brüder, Kap. XXIV), als ein Heiligtum, wo Jesus Priester, Seelsorger ist und Maria ihm dient.
[52] Vgl. Mt 11,29
[53] Vgl. Mt 5,42
[54] Mt 25,40
[55] Mt 25,35.40
[56] Mt 20,28
[57] Lk 10,3; vgl. Mt 10,16
[58] Es ist ihnen für immer verboten, Waffen zu gebrauchen, zu tragen oder zu besitzen (Regel, Kapitel XXVIII).
[59] Vgl. 1 Kön 17,9ff.
[60] Vgl. Mt 22,39
[61] Vgl. Mt 25,40.45
[62] Vgl. Lk 14,12f.
[63] Vgl. Mt 5,48
[64] Vgl. Mt 5,45; Lk 6,35
[65] Vgl. Lk 6,30
[66] Mt 13,55
[67] Joh 12,24
[68] Vgl. Mt 8,20; Lk 9,57
[69] Vgl. Mt 10,24; Lk 6,40
[70] Vgl. Mt 8,20; Lk 9,57
[71] Mt 13,55
[72] Kreuzweg in kleinem Format zum Mitnehmen.
[73] Ps 69,10; Joh 2,17
[74] Vgl. Mt 10,32f.; vgl. Lk 12,9
[75] Vgl. Mt 10,16
[76] Vgl. Mt 18,11
[77] Vgl. Mt 25,40.45

[78] Vgl. Mt 28,19f.

[79] Vgl. Joh 15,13

[80] Vgl. Mt 8,22; Joh 1,43

[81] Tidikelt: Gebiet in der Sahara, südlich der Hochebene von Tademait, deren Zentralort In Salah ist.

[82] Tafilalt, Tafilelt oder Tafilalet: Gebiet in der marokkanischen Sahara, südlich des Hohen Atlas, zwischen dem Wadi Draa und der felsigen Hochebene von Gir, in einem Becken, das die Wadis Ziz und Rhéris geschaffen haben. Zu dem Gebiet gehören zahlreiche Oasen, die bedeutendsten sind die Oasen von Erfud, Rissani und Alnif.

[83] Vgl. Mt 8,22; Joh 1,43

[84] Vgl. Mt 22,37–39

[85] Vgl. Joh 15,13

[86] Vgl. Anm. 82

[87] Vgl. Anm. 81 und 82

[88] Vgl. Mt 8,22; Joh 1,43

[89] Das Fest der Erwartung des göttlichen Kindes wurde zunächst in Spanien gefeiert, Papst Gregor XIII. hat es dann auf die ganze Kirche ausgedehnt.

ANMERKUNGEN ZU „EXERZITIEN IN GHARDAIA, ENDE 1904"

[1] Diese Notizen schrieb Charles de Foucauld in ein Heft mit linierten Blättern. Es enthält 80 Seiten im Format 15,5 x 9,8 cm. Nicht beschrieben sind die Seiten 50–60 (Archiv des Postulators im Seligsprechungsprozeß, Division B, Sektion 2, Ordner 8, Akt 27).
Wie bei den Aufzeichnungen aus den Exerzitien des Vorjahres beziehen sich auch diese Notizen auf die 40 Kapitel der Regel für die Kleinen Brüder vom Heiligsten Herzen Jesu.
Vorsätze aus den Exerzitien von 1905 finden sich in seinem Tagebuch 1901–1905.
Ghardaia, die Hauptstadt der Mozabiter, liegt am Fuß des Gebirges, das die Südseite des Wadi Mzab überragt. Die Häuser sind übereinander gebaut, und die Terrassen werden von Arkaden gestützt. Die Mozabiter sind Berber und gehören der moslemischen Sekte der Ibaditer an.

[2] Das steht auf dem Rücken eines geöffneten Briefumschlags, der als Einband des Manuskriptheftes dient.

[3] Vom 27. November bis 7. Dezember 1904.

[4] Geheiligt werde dein Name (Mt 6,9).

⁵ Die folgenden Schriftzitate wurden von Charles de Foucauld ohne Stellenangabe angeführt. Im Interesse der Leser fügen wir sie in den Anmerkungen bei.

⁶ Röm 1,17

⁷ Joh 7,38

⁸ Vgl. Mt 21, 21 f.

⁹ Lk 12,49

¹⁰ Vgl. Mk 14,34

¹¹ Vgl. Lk 6,12

¹² Mt 7,13

¹³ Vgl. Joh 12,24

¹⁴ Joh 12,32

¹⁵ Lk 10,42

¹⁶ Joh 17,22–23

¹⁷ Mt 5,39

¹⁸ Ebd.

¹⁹ Lk 6,29

²⁰ Lk 6,27

²¹ Mt 5,16

²² „Der Christ ist ein anderer Christus."

²³ Vgl. Joh 17,19

²⁴ Joh 13,15

²⁵ Joh 1,43

²⁶ Joh 14,23

²⁷ Vgl. Joh 18,36

²⁸ Mt 19,21; Mk 10,21

²⁹ Mk 16,15

³⁰ Lk 6,40

³¹ Joh 8,12

³² Joh 1,43

³³ Vgl. Joh 12,26

³⁴ Vgl. Joh 12,32

³⁵ Mt 5,39

³⁶ Lk 6,29

³⁷ Vgl. Lk 6,27

³⁸ Der heilige Petrus Claver (1580–1654), Apostel der Negersklaven in Neu Guinea. Er hatte das Dokument seiner Ordensprofeß so unterschrieben: „Petrus, Sklave der Schwarzen für immer". 1894 rief die Fürstin M. T. Ledochowska mit dem Segen Leos XIII. das Hilfswerk des heiligen Petrus Claver ins Leben, um die afrikanische Mission zu unterstützen. Das Tagebuch 1901–1905 von Charles de Foucauld enthält längere Zitate aus einer Biographie des hl. Petrus Claver, die er in seiner Bibliothek aufbewahrte.

³⁹ Aufstieg zum Berge Karmel I, XII, 3

[40] Vgl. Mt 5,39
[41] Vgl. Mt 26,67
[42] Vgl. Mt 27,35
[43] Vgl. Joh 15,13
[44] Vgl. Mt 5,48
[45] Vgl. Joh 14,23
[46] Vgl. Joh 18,36
[47] Vgl. Joh 12,32
[48] Lk 12,49
[49] Vgl. Mk 16,15
[50] Mt 22,39
[51] Joh 13,16
[52] Vgl. Joh 13,15
[53] Vgl. Joh 12,24
[54] Vgl. Joh 12,32
[55] Vgl. Mt 26,41
[56] Vgl. Mt 18,14
[57] Mk 16,15
[58] Lk 12,48
[59] Vgl. Joh 15,12
[60] Vgl. Mk 2,17; Mt 18,11
[61] Vgl. Dtn 6,5; Mt 22,37; Mk 12,30; Lk 10,27
[62] Bruder Karl verweist hier auf die Seite in seinem Notizheft. In unserer Ausgabe entspricht dies Seite 168 f.
[63] Ebd.
[64] Vgl. Lk 2,51
[65] Mk 16,15
[66] Joh 1,43
[67] Mt 22,37
[68] Mk 6,3
[69] Lk 2,7
[70] Siehe S. 164
[71] Ebd.
[72] Tuat: Oasengruppe in der algerischen Sahara (Departement Saura, Bezirk Adrar) westlich der Hochebene von Tademait. Der Tuat bildet dank der unterirdischen Wasserläufe des Saura eine 200 km lange Kette von Ansiedlungen und Oasen, die aus Brunnen bewässert werden. Die Gegend ist bewohnt von Berbern, Arabern, Harratin und ehemaligen Negersklaven.
[73] Siehe S. 164 f. und S. 169
[74] Lk 10,42
[75] Siehe S. 169 f.
[76] Siehe S. 170
[77] Siehe S. 170

[78] Mecheria: Hauptort eines algerischen Bezirks im Departement Saida am Fuß des Djebel Artar, auf dem Gebiet des Hamiana-Stammes, der die Ziegen- und Schafzucht betreibt. In Mecheria, Taghit und Béchar befanden sich Garnisonen mit französischen Soldaten ohne seelsorgliche Betreuung.

[79] Siehe S. 164

[80] Taghit: malerischer Ksar auf einem Bergvorsprung im Gebiet von Colomb Béchar, wo Saura und Gir zusammenfließen.

[81] An der Nordwestflanke des Djebel Béchar ist dieser Ort ein Verkehrsknotenpunkt zwischen dem Hoch-Gir, dem Tafilalet und den Saharaoasen des Tuat und der Gurara.

[82] Siehe S. 164

[83] Ghardaia: vgl. Anm. 1.

[84] Siehe S. 169f.

[85] Siehe S. 164 und S. 169

[86] Lk 10,2

[87] Mt 26,41

[88] Vgl. Lk 6,12

[89] Lk 10,42

[90] Lk 21,36

[91] Lk 11,9

[92] Vgl. Joh 1,29

[93] Joh 8,12

[94] Vgl. Mt 25,6

[95] Joh 8,12

[96] Vgl. Joh 5,30

[97] Joh 15,10

[98] Vgl. Lk 10,16

[99] Joh 1,39

[100] Vgl. Joh 5,39

[101] Vgl. Joh 12,26

[102] Joh 1,43

[103] Vgl. Mk 9,29

[104] Vgl. Mk 5,36

[105] Lk 12,49

[106] Mt 12,30

[107] Mt 22,39

[108] Vgl. Lk 14,12f.

[109] Vgl. Tit 3,6; 1 Joh 4,14

[110] Mt 20,28; vgl. 1 Tim 2,6

[111] Siehe S. 164

[112] Ebd.

[113] Vgl. Dtn 6,5; Mt 22,37; Mk 12,30; Lk 10,27

[114] Lk 10,42

115 Bischof Guérin von den Weißen Vätern, Apostolischer Präfekt der Sahara.

116 Jacques – Bénigne Bossuet (1627–1704), Prediger und Apologet, Bischof von Meaux. Reiche schriftstellerische Tätigkeit, darunter die Werke „Méditations sur l'Évangile" und „Élevations sur les mystères".

117 Henri – Constant Fouard (1837–1903), Priester, Dozent für Heilige Schrift an der Universität Rouen. Von ihm stammt ein 6bändiges Werk über die Anfänge der Kirche.

118 Histoire des persécutions: Vielleicht handelt es sich um das fünfbändige Werk von P. Allard, das diesen Titel trägt. 3. Auflage 1903–1908.

119 Darras: Histoire générale de l'Eglise depuis la création jusqu' à nos jours. Paris 1862–1874.

120 Mt 5,29

121 Mt 8,22

122 Vgl. Mt 16,23

123 Lk 9,62

124 Joh 8,23

125 Vgl. 2 Kor 11,2

126 „Sich von dem Treiben dieser Welt fernhalten" (Regel des heiligen Benedikt, Kap. IV, n. 20).

127 Vgl. Gal 6,14

128 Siehe S. 164 und S. 169

129 Siehe S. 165 f. und S. 168

130 Lk 14,33

131 Vgl. Ps 58 (in der Vulgata-Übersetzung)

132 „Tu deinen Mund auf! Ich will ihn füllen"; vgl. Ps 81,11

133 Vgl. Phil 3,20

134 Sentences et maximes spirituelles, Nr. 32; Points d' amour, Nr. 37. „Selbst wenn das All den Menschen vernichtete, wäre der Mensch noch edler als das, was ihn tötet; denn er weiß, daß er stirbt, doch das All weiß nichts von seiner Überlegenheit über ihn." (Pascal). „Alle Körper, das Firmament, die Sterne, die Erde und die Reiche sind nicht so viel wert wie der kleinste Geist, denn er kennt das alles, er kennt sich selbst, während die Körper nichts kennen" (ders.).

135 Vgl. Mt 5,39–40

136 Mt 5,42

137 Vgl. Mt 22,39

138 Vgl. Mt 23,8–9

139 Mt 25,40

140 Mt 25,45

141 Der gleiche Vorsatz findet sich in der Zusammenfassung der Vorsätze aus den Jahresexerzitien vom Dezember 1905.

142 Apostolischer Präfekt der Sahara.

[143] Maison – Carrée, heute El-Harach am Ostrand von Algier. Dort befand sich das Provinzialat der Weißen Väter.

[144] „Weinen mit den Weinenden" (Vgl. Röm 12,15).

[145] In seinem Tagebuch schrieb Charles de Foucauld am 20. 1. 1903: „Zwei Harratins aus Anfid, Feguir Barka ben Zian und Feguir Umbarek (Hartani der Ulad Rziq), die als ehrlich bekannt sind, bitten mich, sie im Glauben zu unterweisen. Sie scheinen es ernst zu meinen."

[146] Vgl. Anm. 81

[147] Vgl. Anm. 80

[148] Tuareg: Nomaden der Sahara, die vor allem in Mali und im Niger leben. Die ersten europäischen Forschungsreisenden (Barth, 1821–1865, und Duveyrier, 1840–1892) fanden große Sympathie für diese Reiter der Wüste. 1881 metzelte der Stamm der Ahaggar die Forschungsgruppe Flatters nieder und versuchte vergebens, die Expedition Fourreau-Lamy (1898–1899) aufzuhalten; am Tit wurden sie von Leutnant Cottenest geschlagen (1902) und unterwarfen sich 1904 dem Oberst Laperrine. Der Stamm der Ajgar, der mit den Fezzan in Verbindung stand, und Tripolis griffen – gedrängt von den Senussis – 1915 die französischen Posten in der Sahara an. Nach der Ermordung Charles de Foucaulds (1916) griff die Unruhe auf den Hoggar über, 1917 auch auf das Air.

ANMERKUNGEN ZU „EXERZITIEN IN TAMANRASSET, ENDE 1905"

[1] Bruder Karl zieht diese Exerzitien wieder vor in die Tage vom 21. bis 29. November 1905. Erhalten sind nur die folgenden Texte. Der erste Abschnitt findet sich in einem persönlichen Notizheft Bruder Karls (vgl. G. Gorreé, Sur les traces de Charles de Foucauld, S. 188) sowie in seinem Brief an Abbé Huvelin vom 1. Dezember 1905. Die weiteren Abschnitte sind nur in diesem Brief zitiert (Charles de Foucauld – Abbé Huvelin, Briefwechsel. Salzburg 1961. S. 227 ff.; Jean-François Six: Charles de Foucauld – Aufzeichnungen und Briefe. Freiburg 1962. S. 191 ff.).
In einem Brief an seine Kusine Marie de Bondy erwähnt Bruder Karl am gleichen Tag noch deutlicher den Grund seines Bleibens: „Solange die Weißen Väter sich weder in der Gegend von Beni Abbès noch hier niederlassen können …"

ANMERKUNGEN ZU „EXERZITIEN IN TAMANRASSET, ENDE 1906"

[1] Tagebucheintrag vom 17. Mai 1906: „Während der sechs arbeitsfreien Tage von Gründonnerstag bis Osterdienstag habe ich eine Art Exerzitien gemacht. Hier die Zusammenfassung und die Vorsätze." (Vgl. Oeuvres spirituelles, S. 375f.)

[2] Die vorgezogenen Jahresexerzitien dauerten vom 13. bis 21. November. Aus dem persönlichen Notizheft von Bruder Karl, Eintrag vom 21. 11. 1906. (Vgl. G. Gorrée, Sur les traces de Charles de Foucauld, S. 194).

ANMERKUNGEN ZU „EXERZITIEN 1909"

[1] Bei der Abreise von In Salah in Richtung Tamanrasset am 22. Mai 1909 beginnt Bruder Karl von neuem die Exerzitien, die er im Dezember in Tamanrasset schon einmal angefangen hatte. Die Vorsätze finden sich wieder in seinem persönlichen Notizheft (Vgl. G. Gorreé, Sur les traces de Charles de Foucauld, S. 226).

[2] Am 4. April 1909 hatte Bruder Karl einen „Rosenkranz der Liebe" „begründet", der „sieben Stufen" enthält. Dazu finden sich keine näheren Angaben. Doch am 11. Mai bittet Bruder Karl seine Kusine, ihm zwanzig große Rosenkränze zu schicken – mit einer kleinen Medaille anstelle des Kreuzes. Sie sind für seine moslemischen Tuareg-Freunde bestimmt, „die ich folgendermaßen beten lehre: ‚Mein Gott, ich liebe dich' bei den kleinen Perlen und ‚Mein Gott, ich liebe dich von ganzem Herzen' bei den großen Perlen."

ANMERKUNG ZU „NOTIZEN AUS EXERZITIEN"

[1] Entnommen einer der ersten Ausgaben von Georges Gorreé, Sur les traces de Charles de Foucauld. Diese Notizen stammen wahrscheinlich aus dem Jahr 1909 oder später.

INHALT

Aus den geistlichen Aufzeichnungen Charles de Foucaulds sind bisher in deutscher Sprache erschienen:

IMMER DEN LETZTEN PLATZ
Notizen aus den Exerzitien in Nazaret (1897)
304 Seiten, kartoniert
ISBN 3-87996-035-6

DAS EVANGELIUM – MEIN LEBEN
Notizen aus den Exerzitien in Efraim (1898)
144 Seiten, kartoniert
ISBN 3-87996-038-0

ALLEIN GOTT IM BLICK
Meditationen über die Grundbeziehung zu Gott, den Glauben, die Hoffnung nach dem Evangelium (1897–1898)
280 Seiten, kartoniert
ISBN 3-87996-035-5

DEM GERINGSTEN BRUDER
Meditationen über die Liebe nach dem Evangelium (1897–1898)
180 Seiten, kartoniert
ISBN 3-87996-031-3

Aus seiner Korrespondenz:

BRIEFE AN MADAME DE BONDY
Eine Dokumentation aus dem umfangreichen Briefwechsel Charles de Foucaulds mit seiner Kusine Marie de Bondy
204 Seiten, kartoniert
ISBN 3-87996-037-2

VERLAG NEUE STADT MÜNCHEN ZÜRICH WIEN

Ein grundlegendes Werk über das Leben und die Spirualität Charles de Foucaulds:

J. F. Six
CHARLES DE FOUCAULD –
der geistliche Werdegang
424 Seiten
ISBN 3-87996-073-9 kartoniert
ISBN 3-87996-074-7 Leinen, gebunden

Diese Studie untersucht die Quellen, die Einflüsse und geistigen Hintergründe seines bewegten Lebens und seines außergewöhnlichen Weges zu Gott. Eine unentbehrliche Verstehenshilfe für jeden, der Charles de Foucauld und seine Spiritualität näher kennenlernen möchte.

Veröffentlichungen von René Voillaume, dem Gründer der Kleinen Brüder Jesu:

… UND FOLGTEN IHM NACH
Gespräche über das Ordensleben
256 Seiten, kartoniert
ISBN 3-87996-036-4

DER EWIG LEBENDE
Jesus – Person und Geheimnis
168 Seiten, kartoniert
ISBN 3-87996-088-7

VERLAG NEUE STADT MÜNCHEN ZÜRICH WIEN